Die Autorin

Sylvie Winter lebte viele Jahre in Indien in Oshos Meditationszentrum und studierte und praktizierte verschiedene Religions- und Meditationswege. Sie schrieb mehrere erfolgreiche Bücher über ihre spirituellen Erfahrungen, darunter *Wenn das Herz frei wird*, entwickelte Selbstfindungsseminare für Frauen und ist heute eine bekannte Buchautorin. Sylvie lebt und arbeitet seit über 20 Jahren in Santa Fe, New Mexiko. 2005 erschien ihr erster Roman *Rote Erde, weißes Herz*, der aus ihren Erlebnissen und Erfahrungen mit den indianischen Kulturen des Südwestens der USA entstand.

Von Sylvie Winter sind in unserem Hause bereits erschienen:

I Ging für starke Frauen
Meditation für starke Frauen
Tarot für starke Frauen
Rote Erde, weißes Herz (Allegria)

Sylvie Winter

I GING für starke Frauen

Ullstein

Besuchen Sie uns im Internet:
www.ullstein-taschenbuch.de

Ullstein Esoterik
Herausgegeben von Michael Görden

Umwelthinweis:
Dieses Buch wurde auf chlor- und säurefreiem Papier gedruckt.

Ungekürzte Ausgabe im Ullstein Taschenbuch
1. Auflage Dezember 2005

Umschlaggestaltung: FranklDesign, München
Titelabbildung: Shivananda Ackermann
Druck und Bindearbeiten: Ebner & Spiegel, Ulm
Printed in Germany
ISBN-13: 978-3-548-74247-2
ISBN-10: 3-548-74247-5

Inhalt

Einführung

Die Wandlungen sind ein Buch,
dem man nicht ferne bleiben darf.

Sein SINN ist stets wechselnd,
Veränderung, Bewegung, ohne Rast ...

Durchfließend die sechs leeren Plätze;
Sie steigen auf und falln ohne Verharren.

Die Festen und die Weichen wandeln sich.
Man kann sie nicht in Regeln schließen;
Nur Änderung ist es, was hier wirkt!
(I Ging, übertragen von Richard Wilhelm)

Das I Ging, das Buch der Wandlung oder der Wandlungen, beides ist dem chinesischen Text nach richtig, ist eines der ältesten uns bekannten »Weisheitsorakel« der Menschheitsgeschichte. Für die Eingeweihten, für diejenigen, die fähig waren, den Geist des I Ging zu erfassen, war es jedoch immer mehr als nur ein Orakel. Es war eine Sprache, die ihnen die Möglichkeit gab, sich auf eine bestimmte Situation im Leben geistig und energetisch einzustimmen. Es half z.B., die »Zeitqualität« zu finden, in der die Konditionen für eine bestimmte Angelegenheit günstig waren. Es verdeutlichte, ob man auf eine bestimmte Lebenslage eher passiv oder aktiv zu antworten hatte. Auf diese Weise half es den Menschen, Verantwortung zu tragen und auf eine schwierige Situation im Leben richtig zu reagieren bzw. bewußter und damit einsichtiger zu handeln.

Das I Ging wird seit Jahrtausenden in China benutzt und gewinnt nun auch im Westen mehr und mehr an Popularität. Die erste Übersetzung aus dem Chinesischen schuf James Legge im Jahre 1882, der es »Das heilige Buch des Ostens« nannte. Die bekannteste Version stammt jedoch von Richard Wilhelm aus dem Jahr 1924, dessen Übersetzung der Hexagramme auch in dieses Buch übernommen worden ist.

Die Zeichen des I Ging, die Anordnung und Form der Hexagramme, schreibt man Fu Hsi zu, der etwa 3000 v. Chr. gelebt haben soll und diese Zeichen für bestimmte »Messungen« benutzte. Er soll diese bereits uralten Zeichen nach einer noch viel älteren Version erschaffen haben.

Der Text zum I Ging entstand jedoch erst um das Jahr 1150 v. Chr. Dieser Text wurde von König Wen, dem Begründer der Chou-Dynastie, verfaßt. Die Überlieferung sagt, daß er zu dieser Zeit von dem Tyrannen Chou Hsin, den er später besiegte, gefangengehalten wurde. Der zweite Teil des Originaltextes, die Erläuterungen zu den einzelnen Linien der Hexagramme, wird seinem Sohn, dem Herzog von Chou, zugeschrieben, der ihn ebenfalls unter sogenanntem »Hausarrest« des Tyrannen Chou Hsin schrieb. Sie beide versahen die bisher »stummen« Zeichen und Linien mit weisen Ratschlägen für bewußtes Handeln. Sie machten in ihren Texten auf klare oder auch auf sehr symbolische Weise darauf aufmerksam, daß, je früher sich die »Keime des Karmas« erkennen ließen, um so eher die Möglichkeit zur positiven Wandlung vorhanden war. Solange die Dinge noch im Entstehen waren, konnten sie auch in neue Bahnen geleitet werden. Waren sie aber ausgewachsen und hatten sich bereits in der Materie manifestiert, so mußte man die Folgen tragen.

Es gibt weitere Textfragmente, die noch aus einer früheren Zeit stammen, die man traditionell der Hsia-Dynastie um das Jahr 2205 bis etwa 1766 v. Chr. zuschreibt. Diese Texte führten die Hexagramme in einer anderen Reihenfolge als die späteren Texte König Wens auf. Es gibt noch eine weitere Version, die später von Konfuzius zwischen dem 6. und 5. Jahrhundert v. Chr. überarbeitet wurde, die anscheinend ursprünglich in der Shang-Dynastie um das Jahr 1799 bis etwa 1150 v. Chr. entstanden sein soll. Wir sehen bereits, wie sich durch diese enormen Zeitspannen das I Ging mitgewandelt haben muß.

Diese Originaltexte entstanden lange vor Konfuzius und auch lange vor dem Taoismus. Der Taoismus, der später die Grundbegriffe »Yin« und »Yang« an das I Ging weitergab, wurde gegen 700 bis 800 v. Chr. durch den geheimnisumwitterten Weisen Lao Tse geboren. Man sagt, daß Lao Tse vom I Ging zu seinem berühmten *Tao Te King* inspiriert wurde. Wenn man seine Texte liest, fühlt man tatsächlich den alten Geist des I Ging zwischen den Zeilen. Die heutige Fassung des I Ging ist, ohne die Begriffe von Yin und Yang, die in den Originaltexten nicht vorhanden waren, da diese wie gesagt viel älter sind, nicht mehr denkbar.

Yin ist in seiner Urbedeutung das Wolkige, das Trübe. Yang bedeutet »in der Sonne wehende Banner«, also etwas Helles, Beleuchtetes, etwas, auf das Licht fällt. Es ging dabei um ganz natürliche Wandlungen und Dualitäten, wie z.B. Dunkel und Hell, Stark und Schwach, Weich und Fest, also die Grundzustände des Seins.

Das I Ging ist ein Ausdruck dieser sich stetig wandelnden Kräfte. Da die Texte des I Ging bereits sehr früh unter taoistischem Einfluß standen, sind die Begriffe Yin und Yang heute nicht mehr von ihm zu trennen.

Daraus wird ersichtlich, daß das I Ging stets für neue Interpretationen offen war. Es ist das Buch der Wandlungen, es muß mit der Zeit gehen und immer wandelbar bleiben. Es ist auch klar, daß die Bedeutungen, die vor über drei Jahrtausenden in der damaligen Zeit und im damaligen Bewußtsein der Menschen richtig und verständlich waren, heute noch einen erweiterten Sinn beinhalten müssen. Der Ausdruck »die Gemeinen« z.B., den wir immer wieder in den Hexagrammen finden, bezeichnete damals die einfachen, oft ungebildeten und unbedarften Menschen vom Land. Sie wurden mit den lichten, gebrochenen Yin-Linien in Verbindung gebracht, während die dunklen, ungebrochenen Yang-Linien eher auf die sogenannten »edlen Menschen« hinweisen sollten. Eine solche Beschreibung ist heute völlig undenkbar, denn selbst das Wort »gemein« hat in der Zwischenzeit einen unguten Beigeschmack bekommen.

Ich habe in diesem Buch weitgehendst versucht, mich der Oberflächlichkeit dieser Art von Dualität zu entziehen und mich auf die metaphysische Ebene des I Ging einzustimmen. Wir werden in den Texten des I Ging immer wieder Worte vorfinden, die auf den ersten Blick keinen rechten Sinn ergeben. Deshalb müssen wir weiter forschen und »zu den Wurzeln gehen«, um den universalen Sinn zu entdecken, der sich wie ein unsichtbarer Faden durch alle Hexagramme zieht. Jeder Mensch, der das I Ging ernsthaft befragt, wird außerdem seinen eigenen, ganz persönlichen Sinn jedes der Zeichen für sich selbst entdecken müssen. Ich glaube, daß genau diese Form der Selbstentdeckung dem wahren Sinn des I Ging zugrunde lag und noch immer liegt.

Es soll an dieser Stelle auch klargestellt werden, daß das I Ging kein einfaches Wahrsage-Orakel ist, sondern eine metaphysische Sprache, die, wenn sie richtig benutzt wird, Auskunft über die inneren Bestimmungen und Aufgaben sowie deren äußere Auswirkungen im Leben eines Menschen geben kann. Es sollte deshalb bei der Fragestellung auf den angemessenen Gebrauch der Texte geachtet werden.

Eine richtige Frage an das I Ging lautet z.B.:

Wie verhalte ich mich am besten in dieser oder jener kommenden oder bereits eingetretenen Situation?
Wie sind die Energien dieser Situation?
Welche Möglichkeiten und Lösungen gibt es?
Welche Kräfte soll ich beachten?
(Man sollte nicht fragen: Was wird kommen und wie wird es ausgehen?)

Bei der ersten Fragestellung übernimmt die fragende Person die Verantwortung, bei der zweiten Fragestellung nicht. Durch die richtige Fragestellung werden wir dazu angehalten, für unsere Handlungen Verantwortung zu übernehmen. Wir haben die Möglichkeit, den Wandel in unserem Leben und die daraus entstehenden Ereignisse und Erfahrungen positiver und vor allem auch in einem viel weiteren Kontext als bisher zu sehen, ihnen dadurch mit mehr Bewußtsein zu begegnen und sie durch unser verständnisvolleres Auftreten zu beeinflussen.

Zudem deutete man die Zeichen oder Bilder auch als »Wandlungszustände«. Das Bild oder Zeichen symbolisiert nicht nur, was im Begriff ist, sich in der Materie zu manifestieren, sondern ist auch als eine getreue Nachbildung eines Zustands der unsichtbaren Ebene zu begreifen.

Ein weiterer wichtiger Faktor ist die Tatsache, daß die chinesischen Gelehrten, ihre Weisheitssysteme, geistigen Errungenschaften und Lehren sehr oft eifersüchtig hüteten, was häufig zu einer bewußten Verkomplizierung des Materials selbst führte. Geistige und spirituelle Erkenntnisse und Wahrheiten, die im Grunde einfach zu begreifen waren, wurden absichtlich so verdreht und in abstrakte Begriffe eingebunden, daß sie für die »Gemeinen«, sprich, das einfache Volk, unzugänglich wurden. So wurden bewußt Eliten geschaffen, die das Volk auf Jahrtausende hin oft auf die grausamste Art und Weise knechteten und ausbeuteten.

Ich habe mich deshalb entschlossen, soweit es der Text erlaubt, auf jede Art der »Verschnörkelung« zu verzichten und das vorliegende Material so einfach und klar wie möglich zu interpretieren. Wirkliche Weisheit und Wahrheit ist immer einfach. Es ist nicht nötig, sie vor irgend jemandem zu verstecken. Diejenigen, die reif sind, sie zu erkennen und zu begreifen, tun dies ganz von selbst, und vor denjenigen, die noch nicht reif genug sind, sie zu begreifen, muß man sie nicht verstecken.

Das I Ging ist ein wundervolles Werkzeug, um die eigene Intuition zu Wort kommen zu lassen, sie zu stärken und zu üben. Es ist ein großartiger Weg und eine wundervolle Sprache, um die eigene Psyche besser verstehen zu lernen und die Früchte der Wandlungen und stetigen Veränderungen, die jeder Lebensweg unaufhaltsam mit sich bringt, mit mehr Appetit und größerer Freude zu genießen. Es gibt uns die Chance, zu erkennen, daß es immer eine Wahl gibt, daß wir immer die Wahl in unserem Leben haben, alles mit einem größeren inneren Verständnis zu nehmen und zu begreifen, daß wir die Auswirkungen der Wandlungen selbst mitbestimmen. So wird der Mensch zum aktiven und bewußten Mitgestalter seines Schicksals.

Gayan S. Winter Santa Fe 1998

Die Hexagramme

Die acht Hauptzeichen des I Ging

Ein Hexagramm besteht aus sechs Linien oder Strichen, die entweder durchgezogen oder gebrochen sind. Ist die Linie durchgezogen —, so nennt man sie eine Yang-Linie, eine »feste« Linie. Ist die Linie in der Mitte unterbrochen – –, ist es eine Yin-Linie, eine sogenannte »weiche« Linie. Die Yang-Linien sind die festen, hellen, starken, männlichen Linien, die Yin-Linien sind die weichen, dunklen, hingebenden, weiblichen. Diese Linien oder Striche können sich jedoch auch in ihren Gegenpol verwandeln. Ein Yang-Strich kann zu einem Yin-Strich werden und umgekehrt, je nachdem, welche Zahlen beim Orakel fallen.

Somit ist ein Hexagramm, das eine sich wandelnde Linie beinhaltet, nur für den Augenblick wirksam. Durch die sich wandelnde Linie verändert es sich in ein neues Hexagramm, welches in dem Moment, da die Lektionen des ersten Hexagramms verstanden sind, zu größerer Bedeutung gelangt.

Die acht Hauptzeichen

Die acht Hauptzeichen symbolisieren eine sogenannte »Familie«. Diese Familie besteht aus vier Yang-Zeichen und vier Yin-Zeichen: dem Vater und drei Söhnen sowie der Mutter und drei Töchtern.

Das absolute Yang-Zeichen ist der Vater, dessen Kraft durch drei aufeinanderfolgende feste, ungebrochene Striche symbolisiert wird. Dann folgen die drei Söhne. Das absolute Yin-Zeichen ist die Mutter, deren Kraft durch drei weiche, gebrochene Linien symbolisiert wird. Dann folgen die drei Töchter.

Durch die Yin-Kräfte, die nach innen fließende Energie, nehmen wir Informationen und Einflüsse der Außenwelt in uns auf, d.h. Einfühlungsvermögen, Intuition, Integration und auch die Gabe der Lebensgebung und -erhaltung.

Durch die Yang-Kräfte, die nach außen fließende Energie, beinflussen wir die Welt um uns herum. Dazu zählen: Wille, Absicht, Fokus, Entscheidungskraft und Aktion.

Es ist im I Ging eindeutig, daß die Wichtigkeit und Bedeutung der Eigenschaften der Yin-Kräfte stets komplementär zu den Yang-Kräften stehen. Die beiden Kräfte helfen sich gegenseitig und bringen einander immer wieder ins Gleichgewicht. Die schwierige und sogar gefährliche Situation, in der wir uns heute global befinden, ist auf ein wachsendes inneres und äußeres Ungleichgewicht dieser beiden Urkräfte zurückzuführen.

Die acht Urzeichen oder Trigramme des I Ging

☰ Das Schöpferische besitzt drei ganze Linien.
☷ Das Empfangende besteht aus drei unterbrochenen Linien.
☳ Das Erregende ist nach oben, zum Himmel hin, offen.
☶ Das Stillhalten ist nach unten, zur Erde hin, offen.
☵ Das Abgründige ist nach oben und unten geöffnet.
☲ Das Haftende ist in der Mitte leer und offen.
☱ Das Heitere hat nach oben eine Öffnung.
☴ Das Sanfte hat nach unten eine Öffnung.

Die Familie des I Ging

☰ Der Vater
Kiën
Das Schöpferische, der Himmel
Eigenschaft: Kreativ
Wille und Aktion

☳ Der erste Sohn
DSCHEN
Das Erregende, der Donner
Eigenschaft: Bewegend
Beginn der Bewegung

☵ Der zweite Sohn
KAN
Das Abgründige, das Wasser
Eigenschaft: Gefährlich
Gefahr durch Bewegung

☶ Der dritte Sohn
GEN
Das Stillhalten, der Berg
Eigenschaft: Ruhend
Vollendung der Bewegung

☷ Die Mutter
KUN
Das Empfangende, die Erde
Eigenschaft: Hingebend
Intuition, Aufmerksamkeit

☴ Die erste Tochter
SUN
Das Sanfte, der Wind, das Holz
Eigenschaft: Eindringend
Sanftes Eindringen

☲ Die zweite Tochter
LI
Das Haftende, das Feuer
Eigenschaft: Leuchtend
Klarheit

☱ Die dritte Tochter
DUI
Das Heitere, der See
Eigenschaft: Fröhlich
Heitere Ruhe

Die richtige Stellung oder der richtige Platz der Frau im I Ging ist im Inneren. Der richtige Platz des Mannes ist im Äußeren. Die absolut gleichwertige Stellung der männlichen und der weiblichen Kräfte ist eines der wichtigsten Grundkonzepte des I Ging.

Innerhalb der Familie gelten jedoch einige strikte Regeln: Wenn der Vater ein wahrer Vater ist und der Sohn ein wahrer Sohn, wenn der ältere Bruder wirklich die Rolle des älteren Bruders innehat und der jüngere Bruder der jüngere Bruder sein kann, wenn der Ehemann wirklich ein Ehemann ist und die Ehefrau wirklich eine Ehefrau – dann lebt die ganze Familie in innerer und äußerer Harmonie und Ordnung. Wenn die Familie in innerer Ordnung und Harmonie lebt, ist auch die Welt in Harmonie und Ordnung.

Allen Trigrammen liegt eine bestimmte Logik des Wandels der Zyklen und der stetigen Veränderung des Lebens zugrunde. Wandel geschieht immer auf einen bestimmten Impuls hin, der äußerst abstrakt und für uns Menschen oft sehr unverständlich sein kann. Dies wird durch die kreative und omnipotente Kraft von Kiën, der männlichen Schöpferkraft des Himmels, symbolisiert (die geistige Befruchtung, der Gottesfunke).

Um dem schöpferischen Impuls sichtbare Gestalt in der Materie zu geben, braucht es Kun, die empfangende Kraft der Erde, die Kraft des weiblichen Mutterschoßes (die Empfängnis, die Inkarnation).

Die Wandlung beginnt mit Dschen, dem ältesten Sohn, und Sun, der ältesten Tochter. Sie beginnt durch die Bewegung des Erregenden und die Kraft des sanften Eindringens (das innere Wachstum).

Es folgen Kan und Li, der mittlere Sohn und die mittlere Tochter. Die Unberechenbarkeit von Kan, des Abgründigen und Gefährlichen, verbindet sich mit Li, der Kraft der Verhaftung, des sich Verbindenden, des Feuers (das äußere Wachstum, das äußere Leben, die Welt).

Wenn der Prozeß der Kreation und des Lebenszyklus abgerundet und ausgelebt ist, wird die Kraft von Gen und Dui, des jüngsten Sohnes und der jüngsten Tochter, spürbar. Gemeinsam bewirken diese Kräfte eine Vertiefung der inneren Stille und einen beruhigenden Abstand von allen Einflüssen der Außenwelt. Durch diesen vertieften inneren Abstand und das verständnisvolle und daher freiwillige Loslassen aller durchlebten Situationen erwachen Heiterkeit, Freude und innerer Frieden (die Vollendung, die geistige Heimkehr).

Das Familienarrangement besteht zu gleichen Teilen aus männlichen und weiblichen Kräften. Dies deutet auf die Existenz uralter Archetypen hin und bestätigt ihre Gültigkeit. Es ist das dem I Ging zugrundeliegende Hauptprinzip.

Die Plätze der Linien

Bei der Bewertung der einzelnen Linien nach Konfuzius haben diese je nach ihrer Stellung unterschiedliche Bedeutungen. Dem untersten und dem obersten Strich kommt die geringste Bedeutung zu. Der wichtigste Strich ist die fünfte Linie. Sie symbolisiert den »Herrscher« der Situation. Die vierte Linie stellt den »Minister« oder einen wichtigen Mitverantwortlichen dar. Die dritte Linie ist die »Übergangslinie«. Die zweite Linie ist eine Art »Bote« und steht in direkter Verbindung mit der fünften Linie, dem Herrscher. Die erste und die letzte Linie bedeuten den Anfang und das Ende. Es ist sehr wahrscheinlich, daß der zweite Platz der Frau gehört hat, die im Inneren waltet und ihre intuitiven Botschaften nach außen an den Mann, den Herrscher des fünften Platzes, weitergab. (Hier sollten wir uns stets daran erinnern, aus welcher Zeit diese Festlegungen stammen.)

Die Linien werden immer von unten gezählt: Nummer eins ist ganz unten, und das Hexagramm endet mit der sechsten Linie ganz oben. Der Charakter der Striche ist entweder »weich« oder »fest«. Die festen Linien sind hart und ungeteilt. Die weichen Linien sind schwach und geteilt. Eine feste Linie ist an der ihr gebührenden Stelle, wenn sie z.B. auf dem ersten, dem dritten und dem fünften Platz steht. Eine weiche Linie steht richtig, wenn sie den zweiten, vierten oder sechsten Platz belegt. Je nach Umständen können die Linien aber auch dort ihre Wirkungskraft verändern. Manchmal ist es nicht so wichtig, daß die Linien auf ihrem »korrekten« Platz stehen. Wenn z.B. eine bestimmte Situation nach Weichheit im Umgang mit Menschen verlangt, aber eine feste Linie auf dem zwar richtigen, aber doch für diese Lage ungünstigen Platz steht, könnte dieser Umstand die Sache unnötig verhärten. Hier wäre eine weiche, gebrochene, schwache Linie besser, obwohl sie nicht auf dem ihr gebührenden Platz stünde. Zuviel Härte durch die feste Linie würde sich jedoch in diesem Fall als ungünstig erweisen. Auch hier bleibt das I Ging in seinem ganzen Wesen flexibel und paßt sich den jeweiligen Schwingungen der Situation an.

Ein taoistisches Prinzip besagt, daß sich jede Energie, wenn sie ihren Höhepunkt erreicht und ihr Limit überschritten hat, ganz allmählich und auf natürliche Art wieder in ihren Gegenpol verwandelt. Dies ist ein sehr wichtiger Grundgedanke, den man bei der Orakelbefragung niemals aus den Augen verlieren sollte. Um eine größtmögliche Objektivität zu wahren, ist es ebenfalls notwendig, sich zu keiner inneren Bewertung hinreißen zu lassen, da es sonst durch die Originaltexte zu Mißverständnissen kommen könnte. Ich habe deshalb die weibliche wie die männliche Anrede benutzt. In jeder Form des Textes werden jedoch das Männliche und das weibliche Prinzip gleichzeitig angesprochen, gleich welche Form der Worte verwendet wird. Das männliche und das weibliche Prinzip haben im I Ging immer eine gleichwertige Stellung. Das eine kann ohne das andere nicht existieren. Dennoch könnte man sich an Worten wie »weich«, »schwach« oder »dunkel« stören, wenn man nicht weiß, daß diesen Begriffen in Wirklichkeit keinerlei negative Bewertung zukommt. Selbstverständlich gab es auch im alten China viele Anmaßungen, die wir heute als »sexistisch« bezeichnen würden, doch damals kamen diesen Dingen nicht dieselben Bedeutungen zu wie heute.

Die alten Chinesen hatten für das Talent, das I Ging befragen zu können, einen besonderen Namen. »Ling« nannten sie diese besondere Fähigkeit und Kraft, die einem Menschen innewohnte und ihm damit erlaubte, das I Ging nicht nur richtig zu befragen, sondern auch seine Antwort korrekt zu verstehen und dementsprechend zu handeln. Aus diesem Grund ist die Einstimmung auf das innere Wesen an einem stillen Ort für das Befragen des I Ging von größter Wichtigkeit.

Man sollte das I Ging nur befragen, wenn es die Lebenssituation wirklich erfordert und nicht (nur) zur Unterhaltung. Wie bei allen Dingen und Fragen im Leben ist Ernsthaftigkeit ein wichtiger Faktor bei der Orakelbefragung, die, mit Ruhe und innerem Abstand unternommen, die besten Resultate zeigt.

Das Buch der Wandlungen

Erstes Buch

乾

1. Kiën / Das Schöpferische

䷀ *Oben Kiën, das Schöpferische*
Unten Kiën, das Schöpferische

Dieses Zeichen symbolisiert das vollkommene Yang. Es zeigt sechs ungebrochene Striche oder Linien. Die ungeteilten Striche entsprechen der männlichen, hellen, lichten und starken Kraft. Es ist das Zeichen der ungebrochenen, nach außen strebenden, kreativen Kraft, die auf dem Weg ist, sich in der äußeren Welt zu manifestieren. Das Bild ist der Himmel.

Das Urteil

Das Schöpferische wirkt erhabenes Gelingen,
fördernd durch Beharrlichkeit.

Alle Lebewesen verdanken ihren Ursprung der schöpferischen Kraft, und alles Leben entspringt zunächst der unsichtbaren Welt, der Welt des Ungeformten, des Unbenannten, des Unfaßbaren. Durch die rechte Beharrlichkeit und Ausdauer manifestieren sich die himmlische Schöpferkraft und gleichzeitig das Wunder des Lebens.

DAS BILD

Des Himmels Bewegung ist kraftvoll.
So macht die Edle sich stark und unermüdlich.

Die Kraft hat sich in diesem Zeichen sozusagen »verdoppelt«. Beide Trigramme, die zusammen das Hexagramm bilden, haben starke, ungebrochene Linien. Die Kraft der Manifestation zeigt sich hier in ihrem kreativsten Aspekt und Ausdruck. Die Kraft des Himmels ist unermüdlich. Sie drängt unaufhaltsam nach außen, in die sichtbare Welt, und manifestiert sich dort in ihrer mannigfaltigsten Form.

DIE EINZELNEN LINIEN

Anfangs eine Neun bedeutet:
Verdeckter Drache, handle nicht!

Der Drache bedeutet hier die sich bewegende und elektrisierende Kraft eines starken Gewittersturmes. Er deutet auch auf eine kleine Verzögerung hin. Denn in einem Gewitter ist es nicht klug, nach draußen zu gehen. Man hat besser Geduld, bis sich der Himmelssturm gelegt hat. Auf den rechten Augenblick zu warten, ist in einer solchen Lage von großem Vorteil.

Neun auf zweitem Platz bedeutet:
Erscheinender Drache auf dem Feld.
Fördernd ist es, die große Frau zu sehen.

Es ist möglich, daß es ein Gewitter gibt und man jetzt abwarten muß. Deshalb ist es gut und richtig, sich nach innen zu wenden, auf die eigene Intuition zu hören und der inneren Stimme zu folgen. Wenn die innere Botschaft nicht klar ist, ist es jetzt hilfreich, dem Rat einer weisen, erfahrenen Frau zu folgen. Diese Frau kann auch die eigene innere Meisterin sein.

Neun auf drittem Platz bedeutet:
Die Edle ist den ganzen Tag schöpferisch tätig.
Des Abends noch ist sie voll innerer Sorge.
Gefahr. Kein Makel.

Eine weise Frau tut ihre Arbeit: im Inneren wie im Äußeren. Sie bleibt dabei ihrem eigenen Wesen treu. Doch sie sorgt sich auch um die Außenwelt. Sie erspürt die kommenden Schwierigkeiten und macht sich innerlich dazu bereit, den Unruhen mit wachem Bewußtsein und vor allem im rechten Maße entgegenzutreten.

Neun auf viertem Platz bedeutet:
Schwankender Aufschwung über die Tiefe.
Kein Makel.

Die Schwierigkeiten werden langsam überwunden. Eine Frau steht zu sich selbst und besitzt damit auch eine Wahl. Entweder läßt sie ihre innere Wahrheit auch in der äußeren Welt sichtbar werden und zeigt sie dort in aller Offenheit, oder sie besinnt sich ruhig auf sich selbst und arbeitet in aller Stille mit den Gegebenheiten des täglichen Lebens weiter. Beide Möglichkeiten sind positiv zu werten. Jede Frau, die in aller Freiheit ihrem inneren Wesen folgt, findet den richtigen Weg.

Neun auf fünftem Platz bedeutet:
Fliegender Drache am Himmel.
Fördernd ist es, die große Frau zu sehen.

Wenn die Energien innerlich in Harmonie sind, wirken sie sich auch auf die äußere Welt durch ihre harmonischen Schwingungen positiv aus. Gleiches zieht Gleiches an und erkennt sich wieder. Was zueinander gehört, kommt zusammen. Es ist sehr hilfreich, sich selbst auch innerlich kennenzulernen und wiederzuerkennen. Es hilft, sich nach innen zu wenden und sich auf die Göttlichkeit des eigenen Wesens zu besinnen.

Oben eine Neun bedeutet:
Hochmütiger Drache wird zu bereuen haben.

Sobald man sich in Gedanken und Taten hochmütig über andere Menschen erhebt, bringt man sich selbst zu Fall. Wenn man besser zu sein glaubt als andere, wird man es zu bereuen haben. Bewertungen anderer Menschen führen unter Umständen zu selbsterschaffener innerer und äußerer Einsamkeit. Wer sich ungebeten auf einen Thron setzt, der ihm nicht zusteht, den zieht das Leben wieder hinunter.

Wenn lauter Neunen erscheinen, bedeutet das:
Es erscheint eine Schar von Drachen ohne Haupt.
Heil!

In diesem Fall wandelt sich das Zeichen in sein genaues Gegenteil. Es wird zu Kun, der empfangenden Kraft, der Erde. Die starken Kräfte der schöpferischen Energie vereinigen sich mit der Sanfheit der empfangenden Kraft. Dies bedeutet zielgerechte, aber gleichzeitig auch einfühlsame Handlung. Die Drachen symbolisieren das Starke, die verborgenen Häupter das Sanfte. Diese Kombination der Kräfte bringt Erfolg und Heil.

坤

2. Kun / Das Empfangende

䷁ *Oben Kun, das Empfangende, die Erde*
Unten Kun, das Empfangende, die Erde

Dieses Zeichen besteht aus sechs unterbrochenen, offenen Linien. Sie symbolisieren die weiche, sich hingebende Urkraft des vollkommenen Yin. Das Bild ist die Erde. Kun, ist das polare Gegenstück zu dem vorhergehenden Zeichen Kiën, des vollkommenen Yang. Kun, das Empfangende, die Erdkraft, nimmt die Schöpferkraft des Himmels jetzt in sich auf, denn sie ist vollkommen offen. Durch diese Öffnung findet die Befruchtung aller Ebenen und Dimensionen des Seins statt. Dies gilt für die irdische wie auch die geistige Ebene.

DAS URTEIL

Das Empfangende wirkt erhabenes Gelingen,
fördernd durch die Beharrlichkeit einer Stute.
Hat die Edle etwas zu unternehmen und will voraus,
so geht sie irre.
Doch folgt sie nach, so findet sie Leitung.
Fördernd ist es,
im Westen und im Süden Freunde zu finden,
im Osten und Norden der Freunde zu entraten.
Ruhige Beharrlichkeit bringt Heil.

Die Bestimmung scheint hier, daß sich die empfangende Kraft dem schöpferischen Element unterordnen bzw. hingeben soll. Darin liegt jedoch keinerlei Bewertung. Das Pferd ist ein Symbol der Erde. Die Eigenschaften einer Stute verbinden in sich die Kraft und die Schnelligkeit des Pferdes und die Ruhe und Sanftheit der Kuh. Eine edle und selbstbewußte Frau läßt sich auch manchmal leiten. Sie selbst hat dabei nichts zu verlieren. Darin liegt ihre besondere Kraft. Es ist die Kraft der weiblichen Hingabefähigkeit und der inneren Demut.

Der Westen und Süden bedeuten das Feld der Arbeit. Das Empfangende arbeitet hier mit dem Schöpferischen. Es ist gut, dort Freunde zu finden, mit denen man zusammenarbeiten kann. Der Osten symbolisiert einen Ort, an dem einer eine bestimmte Arbeit aufgetragen wird. Im Norden wird diese Arbeit dann von ihr selbst und auch von anderen Menschen beurteilt. Es ist deshalb vorteilhaft, auch die eigene Arbeit mit Abstand zu betrachten und sich nicht vollkommen damit zu identifizieren.

DAS BILD

Der Zustand der Erde
ist die empfangende Hingebung.
So trägt die Edle weiträumigen Wesens
die Außenwelt.

Ohne zu beurteilen, was positiv oder negativ scheint, vereint die Erde durch die Kraft ihrer Hingabefähigkeit und der uneingeschränkten Annahme von dem, was ist, beide Pole der Dualität in sich: das Bewußte und das Unbewußte, das Lichte und das Dunkle, das Schöne und das Häßliche, das Gute und das Böse. Zu sehen, daß in jeder Dualität immer beide Aspekte derselben Energie gleichzeitig existieren und diese Wahrheit als eine Realität der menschlichen Existenz und der Natur anzunehmen, ist echte Weisheit und benötigt tiefes Verständnis. Dieses innere Verständnis, welches jenseits der menschlichen Auffassungsgabe liegt, zu erlangen und welches alle gesellschaftlichen Glaubenssysteme transzendiert, ist eine der schwierigsten Aufgaben im Leben jedes Menschen.

DIE EINZELNEN LINIEN

Anfangs eine Sechs bedeutet:
Tritt man auf Reif,
so naht das feste Eis.

Alles im Leben kommt und geht, und alles wandelt sich. Nichts bleibt gleich. Jeder Anfang findet sein Ende, und jedes Ende beinhaltet auch wieder einen Anfang. Man kann jedoch Zeichen dieses Kommens und Gehens der Dinge, der Situationen und der unterschiedlichen Kräfte im Leben beachten lernen. So wie der Reif den Herbst und den nahenden Winter anzeigt, so deuten Zeichen des Verfalls, ganz gleich auf welcher Ebene er eintritt, oder auch ein deutliches Nachlassen der Energien auf ein nahendes Ende, bzw. auf kommende Veränderungen und Wandlungen im Leben eines Menschen hin.

Sechs auf zweitem Platz bedeutet:
Gerade, rechtwinkelig, groß.
Ohne Absicht
bleibt doch nichts ungefördert.

Es bringt der menschlichen Psyche große Erleichterung, sich innerlich dem Fluß der Lebensenergie hinzugeben und dem Leben zu vertrauen. Man muß dann nichts mehr hinzufügen, verändern oder unter Anstrengung und Mühen bewirken. Man kann sich wahrhaftig tief entspannen. Je ehrlicher das Wesen der inneren Absicht und der äußeren Handlung, desto geradliniger und positiver das Ergebnis. Je natürlicher und unverfälschter der Mensch, desto einfacher und friedvoller die alltäglichen Umstände.

Sechs auf drittem Platz bedeutet:
Verborgene Linien;
man vermag beharrlich zu bleiben.
Folgst du etwa eines Königs Diensten,
so suche nicht Werke,
aber vollende!

Ein weiser Mensch arbeitet im stillen und brüstet sich nicht mit seinen Verdiensten. Selbst wenn man das Höchste im Leben anstrebt, ist es von Vorteil, sich nicht aufzublähen und es aller Welt zu verkünden. Es ist ebenso von Vorteil, nichts zu versprechen, was man nicht halten kann. Bescheidenheit in der Öffentlichkeit tut jetzt not. Der Fokus sollte ganz auf dem guten Gelingen einer langfristigen Arbeit liegen.

Sechs auf viertem Platz bedeutet:
Zugebundener Sack.
Kein Makel, kein Lob.

Rückzug ist angesagt. Stillhalten ist der Weg. Es ist keine gute Zeit, um zu handeln und auf irgendeine Weise im öffentlichen Leben hervorzutreten. Man muß jetzt abwarten, bis die Energien wieder fließen und dadurch lernen, die innere Ruhe zu wahren.

Sechs auf fünftem Platz bedeutet:
Gelbes Untergewand
bringt erhabenes Heil.

Das Wahre und Echte in einem Menschen strahlt immer von innen nach außen. Alle Menschen spüren es, bewußt oder unbewußt. Man muß nichts tun oder nach außen hin darstellen wollen, um sich vor sich selbst oder den Augen anderer zu bestätigen. Gelb ist die Farbe der Erde, die Farbe der inneren Weisheit. Seine innere Wahrheit, sein wahres Sein, kann niemand wirklich verstecken.

Oben eine Sechs bedeutet:
Drachen kämpfen auf dem Anger.
Ihr Blut ist schwarz und gelb.

Wenn man um einen Platz im Leben kämpft, der einem nicht wirklich gehört, erleidet man Schaden. Schwarzblau ist die Farbe des Himmels. Gelb die Farbe der Erde. Wenn schwarzgelbes Blut fließt, leiden beide Kräfte unter diesem unnatürlichen Wettstreit. Es lohnt nicht, sich selbst zu bekämpfen!

Wenn lauter Sechsen erscheinen, bedeutet das:
Fördernd ist dauernde Beharrlichkeit.

In diesem Fall wandelt sich das Zeichen Kun, das Empfangende, die Erde, wieder in seinen Gegenpol, das Zeichen Kiën, das Schöpferische. Dabei gibt es weder Fortschritt noch Rückschritt. Das Zeichen ruht ganz in der Gegenwart. Beharrlichkeit gibt Dauer und läßt somit am rechten Lebenswandel festhalten.

屯

3. Dschun / Die Anfangsschwierigkeit

䷂ *Oben Kan, das Abgründige, das Wasser*
Unten Dschen, das Erregende, der Donner

Das untere Zeichen, Dschen, bedeutet das Erregende und damit auch die alles bewegende Kraft. Diese bewegende Kraft, strebt unaufhaltsam nach oben. Das obere Zeichen Kan, bedeutet das Abgründige, das Gefahrvolle, seine Kraft strebt nach unten. Die entgegengesetzten Kräfte prallen aufeinander, und es entstehen Spannnungen und Reibungen. Es kommt zu einem Gewitter. Dadurch entspannt und entlädt sich die Atmosphäre und schafft allen Kräften Erleichterung.

DAS URTEIL

Die Anfangsschwierigkeit wirkt erhabenes Gelingen.
Fördernd durch Beharrlichkeit.
Man soll nichts unternehmen.
Fördernd ist es,
Gehilfen einzusetzen.

Jeder Neuanfang ist schwierig. Man darf deshalb nichts übereilen. Das Werdende, das sich Gebärende, braucht Raum und seine angemessene Zeit, um sich in seinem eigenen Rhythmus zu entfalten. In solchen Zeiten ist es hilfreich, Freunde zur Seite zu haben, die einen in diesem Prozeß unterstützen.

DAS BILD

Wolken und Donner:
Das Bild der Anfangsschwierigkeit.
So wirkt die Edle
entwirrend und ordnend.

Wolken und Donner geben ihre Kraft in Form von Elektrizität ab. Diese Kraft ist das Chaos. Seine Energie ist wild und ungeordnet, aber sie beinhaltet auch das volle Potential. Das Chaos entwirrt sich durch Ordnung. Doch das Chaos ist zu Anfang sehr wichtig. Eine weise Frau lernt, ihre inneren Kräfte zu unterscheiden, sie zu verbinden und harmonisch auszudrücken. Daraus entsteht die nötige innere Ordnung.

DIE EINZELNEN LINIEN

Anfangs eine Neun bedeutet:
Zögern und Hemmung.
Fördernd ist es, beharrlich zu bleiben.
Fördernd ist es, Gehilfen einzusetzen.

Man muß jetzt innehalten und darf nichts erzwingen wollen. Man muß lernen, auf den inneren und äußeren Lebensrhythmus zu achten und sich nicht von anderen Energien verwirren und vom eigenen Ziel abbringen lassen. Echte Hilfe kommt, wenn man weiß, wonach man sucht.

Sechs auf zweitem Platz bedeutet:
Schwierigkeiten türmen sich.
Pferd und Wagen wenden sich.
Wär nicht der Räuber da, der Freier käme ja.
Das Mädchen ist keusch, verspricht sich nicht.
Zehn Jahre,
dann verspricht sie sich.

Die Kräfte sind zunächst gehemmt, sie stocken und fließen nicht frei. Doch aus einer unerwarteten Richtung kommt überraschende Hilfe. Man findet dadurch das nötige innere Vertrauen, und die Lage löst sich zum Guten aller Beteiligten. Ein Mädchen bekommt schließlich auch den Mann, den sie sich wünscht; aber nur, wenn dies ihrem wahren Herzenswunsch entspricht. Eine derart wichtige Entscheidung muß in absoluter Freiheit fallen.

Sechs auf drittem Platz bedeutet:
Wer den Hirsch jagt ohne Förster,
der verirrt sich nur im Wald.
Die Edle versteht die Zeichen der Zeit
und steht lieber ab.
Weitermachen bringt Beschämung.

Wer ohne Bewußtsein handelt, schadet sich selbst. Voreiligkeit und Rastlosigkeit führen jetzt zu Verwirrungen. Eine kluge Frau sucht deshalb den Rat eines weisen Menschen. Sie übt Geduld und lernt, auf ihre innere Stimme und ihre Intuition zu hören. Mißerfolg wird geboren, wenn etwas im Leben erzwungen wird.

Sechs auf viertem Platz bedeutet:
Pferd und Wagen trennen sich.
Suche nach Vereinigung.
Hingehen bringt Heil.
Alles wirkt fördernd.

Es ist in Ordnung, Hilfe von außen anzunehmen. Wenn die eigene Kraft oder die eigenen Mittel im Moment nicht ausreichen, kann man seinen Stolz überwinden und andere Menschen um Hilfe bitten. Ein solcher Akt beinhaltet jetzt keine Schande und bringt die erwünschte Hilfe.

Neun auf fünftem Platz bedeutet:
Schwierigkeiten im Segnen.
Kleine Beharrlichkeit bringt Heil,
große Beharrlichkeit bringt Unheil.

Man muß jetzt langsam vorangehen, sonst kommt es zu Mißverständnissen und die wahren Absichten werden verdeckt und verdreht. Nur durch ehrliche und ernsthafte Arbeit kann man sich wieder langsam einen neuen Weg bahnen. Auch die kleinsten Schritte führen zum Ziel.

Oben eine Sechs bedeutet:
Pferd und Wagen trennen sich.
Blutige Tränen ergießen sich.

Wenn man auf zu große Hindernisse stößt, muß man lernen, Geduld zu üben und auf den richtigen Augenblick zu warten. Man darf jedoch auch nicht zu früh aufgeben. Wer zu früh aufgibt, wird es ebenfalls zu bereuen haben. Wer zu früh verzichtet, wird keine Früchte ernten. Es ist jetzt wichtig, mit dem Strom zu fließen und mehr Vertrauen in den eigenen Lebensrhythmus zu entwickeln.

蒙

4. Mong / Die Jugendtorheit

Oben Gen, das Stillhalten, der Berg
Unten Kan, das Abgründige, das Wasser

Gen, der Berg, liegt in diesem Zeichen oberhalb des Wassers. Das Wasser ist unberechenbar und tief, der Berg ist still und hoch. Das Wasser bahnt sich mühsam seinen Weg durch das harte Gestein und bricht dann als Quelle aus dem Berg hervor.

Die Quelle weiß zunächst nicht, in welche Richtung sie fließen wird. Dies weist auf die Unerfahrenheit und Unberechenbarkeit der Jugend hin. Wasser steht für Gefühle. Gefühle schwanken, sie sind wankelmütig und unkontrollierbar. Sie besitzen die Kraft, junge Menschen in erregende Höhen und Tiefen zu reißen. Vor allem in der Jugend verführen starke Gefühle oft zu großen Torheiten. Kan steht auch für den Abgrund. Es ist jetzt ratsam, vor dem Abgrund der Gefühle innezuhalten.

DAS URTEIL

Jugendtorheit hat Gelingen.
Nicht ich suche den jungen Toren,
der junge Tor sucht mich.
Beim ersten Orakel gebe ich Auskunft.
Fragt er zwei-, dreimal, so ist das Belästigung.
Wenn er belästigt, so gebe ich keine Auskunft.
Fördernd ist Beharrlichkeit.

In der Jugend lernt man durch viele Umwege und viele sogenannte Fehler. Doch wenn ein junger Mensch wirklich lernen und weiterkommen will, findet er Hilfe. Wenn der Schüler reif ist, findet er auch den passenden Lehrer oder Meister. Ein wahrer Meister drängt sich niemals dem Schüler auf. Ein ernsthafter Schüler, der Fragen an einen Meister stellt, muß auch dessen Rat annehmen können. Ansonsten vergeuden beide ihre Zeit. Wenn ein Schüler mißtrauisch ist und kein Vertrauen hat, soll er keinen Lehrer aufsuchen. Besitzt er jedoch das nötige Vertrauen in sich selbst und damit auch in den Meister, wird die gemeinsame Arbeit von Erfolg begleitet sein.

DAS BILD

Unten am Berg kommt ein Quell hervor:
das Bild der Jugend.
So nährt die Edle durch gründliches Handeln
ihren Charakter.

Die Quelle, die aus dem Berg hervorbricht, symbolisiert die Kraft der ungestümen Jugend. Sie strömt unaufhaltsam und stark ihrem Ziele zu und macht sich auf diese Weise die Welt zu eigen. Sie füllt alle niedriger gelegenen Stellen und Winkel auf ihrem Weg aus. So füllt auch eine weise Frau all die Stellen in sich, die vorher im Dunkel lagen, mit Licht und Bewußtheit.

DIE EINZELNEN LINIEN

Anfangs eine Sechs bedeutet:
Um den Toren zu entwickeln, ist es fördernd,
den Menschen in Zucht zu nehmen.
Man soll die Fesseln abnehmen.
So weitermachen bringt Beschämung.

Ein Mensch, der wirklich etwas lernen will, muß sich der gestellten Aufgabe ganz hingeben und widmen. Sonst führt es zu nichts. Er muß seine Kraft konzentrieren und dabei sehr aufmerksam und bewußt bleiben. Doch eine solche Arbeit darf niemals in Qual ausarten. Es ist aus diesem Grund im Augenblick besonders wichtig, eine gesunde Balance zwischen Arbeit und Freizeit zu schaffen und auch einzuhalten.

Neun auf zweitem Platz bedeutet:
Die Toren ertragen in Milde bringt Heil.
Die Männer und Frauen zu nehmen wissen,
bringt Heil.
Der Sohn ist dem Hauswesen gewachsen.

Man lernt die Unzulänglichkeiten und lästigen Eigenschaften anderer Menschen besser zu ertragen, wenn man weiß, daß man selbst nicht frei von diesen Eigenschaften ist. Jetzt hilft bewußte Nachsicht dem anderen Geschlecht gegenüber. Nur durch das Üben solch weiser Nachsicht und innerer Einsicht kann jetzt ein gemeinsames Verständnis und Unternehmen gefördert werden.

Sechs auf drittem Platz bedeutet:
Nicht sollst du ein Mädchen nehmen,
das einen ehernen Mann sieht
und sich nicht im Besitz behält.
Nichts ist fördernd.

Wenn man eine höhere Stellung im Leben anstrebt, ist es nicht klug, andere Menschen nachzuahmen. Die weibliche Kraft braucht sich der männlichen Kraft nicht unterzuordnen. Sie soll ihren eigenen Wert erkennen und sich selbst treu bleiben, ohne ihren männlichen Teil zu vernachlässigen. Es ist deshalb im Augenblick wesentlich vorteilhafter, sich nicht unterwürfig anzubieten, sondern abzuwarten, bis das richtige Angebot eintrifft.

Sechs auf viertem Platz bedeutet:
Beschränkte Torheit bringt Beschämung.

Es braucht Zeit, erwachsen zu werden, und es braucht Zeit, um zu wissen, was man im Leben wirklich will. Darin liegt keine Beschämung. Sich in Einbildungen zu verirren und Träumen nachzulaufen gehört zum Wachstumsprozeß. Doch darin zu verharren und daraus nicht zu lernen, bringt Leiden. Trotzdem muß man gerade den Jugendlichen ihre Träume lassen. Es ist weise, den eigenen Einfluß auf das Geschehen einzuschränken, um den Jungen die Gelegenheit zu geben, zu lernen und ihren Weg zu finden.

Sechs auf fünftem Platz bedeutet:
Kindliche Torheit bringt Heil.

Wahre innere Unschuld gewinnt immer. Wer nichts haben will, dem wird gegeben. Wer sich frei, ohne Eitelkeit und Hochmut und ohne Erwartungen zu einem Lehrer begibt, auf den wartet das größte Geschenk.

Oben eine Neun bedeutet:
Beim Bestrafen der Torheit ist es nicht fördernd,
Übergriffe zu übergehen.
Fördernd ist nur,
Übergriffe abzuwehren.

Zu viele Übergriffe dürfen auf die Dauer nicht toleriert werden, sonst bricht jede Form der Ordnung zusammen. Doch wenn Strafe ansteht, darf sie nicht im Zorn erteilt werden. Man muß unter allen Umständen versuchen, innerlich ruhig und gerecht vorzugehen. Das Erhalten der Ordnung muß auf weise und bewußte Art geschehen.

需

5. Sü / Das Warten (die Ernährung)

䷄ *Oben Kan, das Abgründige, das Wasser*
Unten Kiën, das Schöpferische, der Himmel

Wasser bedeutet Leben und Fruchtbarkeit. Es kommt, wie auch die geistige Nahrung des Menschen, von den Kräften des Himmels, und es kommt immer zu seiner Zeit und im richtigen Augenblick. Ein Mensch muß lernen, auf die rechte Weise zu warten: nicht in Angst und Ungeduld, sondern in aller Ruhe und der inneren Gewißheit, daß alle Dinge und Begebenheiten im Leben zu ihrer Zeit eintreffen und geschehen.

DAS URTEIL

Das Warten. Wenn du wahrhaftig bist,
so hast du Licht und Gelingen.
Beharrlichkeit bringt Heil.
Fördernd ist es,
das große Wasser zu durchqueren.

Ein Mensch, der sich selbst innerlich treu bleibt und auf seine eigene Wahrheit hört und ihr auch folgt, kann der Gefahr ausweichen und die richtige Entscheidung treffen. Wenn er seinem inneren Licht folgt, erhellt sich das Dunkel und er erkennt mühelos den nächsten Schritt. Wenn seine äußeren Werke seine inneren Werte widerspiegeln, lebt er in Einheit mit sich selbst.

DAS BILD

Wolken steigen am Himmel auf:
das Bild des Wartens.
So ißt und trinkt die Edle
und ist heiter und guter Dinge.

Wolken steigen am Himmel auf und es ist nur noch eine Frage der Zeit, wann der erste Regen fällt. Eine Frau, die Vertrauen hat, ist weise und nimmt deshalb ihr Leben, wie es kommt. Sie ist entspannt und guter Dinge. Durch diese innere Sicherheit, braucht sie sich nicht zu sorgen und auch nicht in die Geschehnisse einzugreifen. Denn ein solches Eingreifen brächte jetzt nur unnötige Verwirrung.

DIE EINZELNEN LINIEN

Anfangs eine Neun bedeutet:
Warten auf dem Anger.
Fördernd ist es, im Dauernden zu bleiben.
Kein Makel.

Jedes gedankliche Abschweifen in die Zukunft oder in die Vergangenheit schwächt den Geist und lenkt von der gegenwärtigen Situation ab. Es ist notwendig, präsent zu sein und mit dem Bewußtsein in der Gegenwart zu bleiben. Dies befähigt den Menschen, dem eigenen Schicksal in aller Ruhe und vollkommen bewußt und wach zu begegnen. So kann jede Gefahr überwunden werden.

Neun auf zweitem Platz bedeutet:
Warten auf dem Sand.
Es gibt wenig Gerede.
Das Ende bringt Heil.

Es beginnt sich eine unterschwellige Unruhe breitzumachen. Doch dieser Gefahr muß man jetzt ins Auge sehen. Es hilft nicht, anderen Menschen die Schuld zuzuweisen. Wenn es Frieden geben soll, muß das Gerede ein Ende finden. Dazu sind innere Gelassenheit und räumlicher Abstand die Schlüssel.

Neun auf drittem Platz bedeutet:
Warten im Schlamm
bewirkt das Kommen des Feindes.

Vorzeitiges und übereiltes Handeln bringt jetzt nur noch weitere Komplikationen. Man bleibt buchstäblich stecken im

Schlamm und kann nicht weiter. Diese Situation zieht eventuell auch Menschen an, die gewillt sind, diese mißliche Lage für ihre eigenen Zwecke zu nutzen. Jetzt hilft nur extreme Vorsicht und Wachheit bei jeder Handlung.

Sechs auf viertem Platz bedeutet:
Warten im Blut.
Heraus aus dem Loch.

Die Lage hat sich durch eigenes Zutun verschlimmert. Jetzt sitzt man fest wie in einem Loch und kann überhaupt nichts mehr tun. Um sich nicht noch weiter selbst zu schaden, ist es von Vorteil, sich ruhig zu verhalten und dem Schicksal seinen Lauf zu lassen. Damit entsteht die Chance, wieder aus dem Loch herauszukommen.

Neun auf fünftem Platz bedeutet:
Warten bei Wein und Speise.
Beharrlichkeit bringt Heil.

Selbst wenn man sich gut fühlt und die Dinge im Lot sind, stellen regelmäßige Ruhepausen im Leben eine absolute Notwendigkeit für die Gesundheit des menschlichen Systems dar. Man muß sich stärken, um neuen Anforderungen gerecht zu werden. Dies geschieht, indem man genießt, was man hat, ohne das Ziel aus den Augen zu verlieren. Die Kraft der inneren Entspannung und Freude hilft, den kommenden Aufgaben mit mehr Lebenslust und Vertrauen zu begegnen.

Oben eine Sechs bedeutet:
Man gerät in das Loch.
Da kommen ungebetener Gäste drei.
Ehre sie, so kommt am Ende Heil.

Etwas im Leben ist jetzt unvermeidlich, man muß sich in eine bestimmte Lebenssituation fügen. Alle Anstrengungen, diese Situation zu vermeiden, scheinen zunächst vergeblich. Doch es kommt Hilfe aus einer unerwarteten Richtung. Auch wenn man die Form dieser Hilfe zunächst nicht ganz begreift, sollte man sich nicht dagegen sperren oder sie gar ablehnen. Es gilt jetzt, dieser unerwartet glücklichen Wendung der Lage zu vertrauen. Das Schicksal erfüllt die Wünsche der Menschen oft auf eine geheimnisvolle Art und Weise.

訟

6. Sung / Der Streit

䷅ *Oben Kiën, das Schöpferische, der Himmel*
Unten Kan, das Abgründige, das Wasser

Die Kraft von Kiën, dem Himmel, strebt nach oben. Die Kraft von Kan, dem Wasser, bewegt sich nach unten. Die Energien streben auseinander, sie haben nicht dieselbe Bewegungsrichtung. Dies deutet auf Streit und Kampf hin. Das Abgründige und Hintergründige verbirgt sich durch List. Das Schöpferische ist offen und stark. Wenn sich innere List mit äußerer Stärke paart, ist immer die Gefahr des Streites und Kampfes gegeben. Deshalb ist hier Vorsicht angezeigt.

DAS URTEIL

Der Streit: Du bist wahrhaftig und wirst gehemmt.
Sorgliches Innehalten auf halbem Weg bringt Heil.
Zu Ende führen bringt Unheil.
Fördernd ist es, die große Frau zu sehen.
Nicht fördernd ist es,
das große Wasser zu durchqueren.

Wenn zwei Parteien glauben, im Recht zu sein und jede Partei auf Widerstand stößt, gibt es Streit. Hinterlist erwacht, wenn eine der Parteien sich innerlich zwar nicht ganz im Recht fühlt, aber trotzdem das Recht nach außen hin vertritt. In einem solchen Fall gibt es keine Offenheit, sondern nur Lügen und Geheimnisse. Jedoch den Streit bis ans bittere Ende zu führen bringt großes Unheil. Deshalb ist es jetzt hilfreich, eine unparteiische, weise Person um Hilfe zu bitten, um die Sache mit Abstand zu schlichten. Es ist ungünstig, große Unternehmungen zu wagen, solange die Kräfte im Inneren und Äußeren in Disharmonie gespalten sind.

DAS BILD

Himmel und Wasser gehen einander entgegengesetzt:
das Bild des Streites.
So überlegt die Edle bei allen Geschäften, die sie tut,
den Anfang.

Die Energien streben auseinander. Wenn man sich zu Anfang darauf besinnt, mit welchen Kräften man es zu tun hat und nicht das Unmögliche anstrebt, entsteht kein Streit. Aber wenn man dies nicht bedenkt oder berücksichtigt und gegen das eigene Verständnis handelt, muß man mit Konsequenzen rechnen. Für eine kluge Frau ist es weise, die entgegengesetzten Kräfte nicht zu einer künstlichen Vereinigung zwingen zu wollen. Es ist ratsam, von Anfang an auf die geistige Harmonie aller Beteiligten zu achten.

DIE EINZELNEN LINIEN

Anfangs eine Sechs bedeutet:
Wenn man die Sache nicht verewigt,
so gibt es ein kleines Gerede.
Am Ende kommt Heil.

Es ist klug, den Streit nicht größer werden zu lassen, als er bereits ist. Es ist ratsam, ihn nicht auf eine tiefere Ebene zu tragen und ihn damit noch weiter auszudehnen. Ein intelligenter Mensch zieht sich deshalb jetzt ganz bewußt von allem Gerede zurück. So entwickelt sich alles zum Guten.

Neun auf zweitem Platz bedeutet:
Man kann nicht streiten,
kehrt heim und weicht aus.
Die Menschen seiner Stadt, dreihundert Häuser,
bleiben frei von Schuld.

Ein Streit, der außer Rand und Band gerät, ist wie ein Lauffeuer, das sich bis ins Unendliche ausbreiten kann. Auch wenn man sich jetzt im Recht fühlt, ist es klüger, den Streit zu beenden. Wenn ein Widersacher zu mächtig wird, ist es klüger, ihm auszuweichen, als sich noch weiter von ihm schädigen zu lassen. Weise Nachgiebigkeit, wie es das Tao lehrt, ist in diesem Fall für alle Beteiligten von höchstem Nutzen.

Sechs auf drittem Platz bedeutet:
Von alter Tugend sich nähren bringt Beharrlichkeit.
Gefahr, am Ende kommt Heil.
Folgst du etwa eines Königs Diensten,
so suche nicht Werke.

Es ist jetzt sehr heilsam, auf die eigene innere Stärke zu vertrauen, ohne auf Auszeichnungen und besonderen Respekt von außen zu warten. Was einem Menschen innerlich gehört, kann er niemals verlieren. Wenn ein Mensch für jemand anderen arbeitet, darf er sich im Augenblick kein besonderes Lob erhoffen. Er soll lernen, mit sich selbst zufrieden zu sein und sich selbst für seine gute Arbeit zu loben.

Neun auf viertem Platz bedeutet:
Man kann nicht streiten,
kehrt um und fügt sich dem Geschick,
ändert sich und findet Frieden
in Beharrlichkeit.

Es ist besser, den eigenen Blickwinkel zu verändern und sich in eine Lebenslage zu fügen, als seine Kräfte mit einem Schwächeren zu messen. Auch wenn man durch selbstsicheres Auftreten und innere Kampfeslust die eigene Situation zu verbessern sucht, so hindert einen letztlich doch das gute Gewissen daran, seine geistigen Kräfte derart zu mißbrauchen. Der innere Frieden, den jeder Mensch sucht, muß verdient sein. Er kommt ganz von selbst, wenn man versteht, das Unnötige im Leben loszulassen.

Neun auf fünftem Platz bedeutet:
Streiten vor ihm bringt erhabenes Heil.

Eine erhabene Autorität hilft jetzt, den Streit erfolgreich zu schlichten. Man darf dieser Kraft getrost vertrauen und findet durch dieses Vertrauen auch seinen inneren Frieden wieder. Dies ist ein großer Gewinn.

Oben eine Neun bedeutet:
Wenn einem etwa auch ein Ledergürtel verliehen wird,
am Ende eines Morgens
wird er ihm dreimal entrissen.

Selbst wenn ein Mensch alle Macht der Welt besitzt, das Recht auf seine Seite zu ziehen und er für diesen unehrlichen Kampfgeist sogar noch großes Lob erntet, kann diese Art von Erfolg nicht von Dauer sein. Sein anfänglicher Sieg verlängert in Wahrheit nur den Streit und wird deshalb bis zum Ende angefochten.

師

7. Schï / Das Heer

䷆ *Oben Kun, das Empfangende, die Erde*
Unten Kan, das Abgründige, das Wasser

Das Wasser ist in der Erde und sammelt sich dort als Grundwasser. Menschenmassen sammeln sich, wenn sie durch gemeinsame Ideen verbunden werden. So auch das Heer. In Friedenszeiten ist es fast unsichtbar, doch es ist immer vorhanden und muß nur zusammengerufen werden, wenn eine Gefahr droht. Ein Heer ist ein Instrument der Autorität und auch der Gewalt. Deshalb untersteht es den strengsten Regeln. Jeder Mensch in einem Heer muß sich auf allen Ebenen beherrschen lernen, um später die aufgestauten und unterdrückten Kräfte in Form von Gewalt auf andere Menschen loszulassen und den Gehorsam zu erzwingen.

DAS URTEIL

Das Heer braucht Beharrlichkeit
und einen starken Mann.
Heil ohne Makel.

Nur ein gerechter und weiser Mann kann ein Heer richtig führen und auch begeistern. Wenn der Anführer des Heeres keine wahre innere Moral besitzt, kommt es zu verheerenden Schäden. Es ist immer am besten, wenn es gar nicht erst zum Kampf kommt. Wenn der Mensch es wirklich will, ist jeder Krieg vermeidbar. Doch wenn ein Kampf unvermeidlich scheint, braucht das Heer, brauchen die Menschen einen Mann an der Spitze, dem es vollkommen vertrauen kann und der die Macht besitzt, es richtig zu führen.

DAS BILD

Inmitten der Erde ist Wasser,
das Bild des Heeres.
So mehrt der Edle durch Weitherzigkeit gegen das Volk
seine Massen.

Wenn das Volk dem richtigen Mann vertraut, kann er ein großes Heer um sich sammeln. Ein großes Heer bedeutet auch dementsprechend große Macht. Die Pflege der Beziehungen zwischen Mensch und Staat gewährleistet die innere Bereitschaft und Bereitwilligkeit des Volkes zum Kampf. Deshalb gewinnt ein kluger Mann das Vertrauen der Menschen nur durch Großherzigkeit und innere Weitsicht.

DIE EINZELNEN LINIEN

Anfangs eine Sechs bedeutet:
Ein Heer muß ausziehen nach der Ordnung.
Ist die nicht gut, droht Unheil.

Wenn man in den Krieg ziehen und kämpfen will, muß man wissen, warum. Es muß einen sehr triftigen Grund für diesen Kampf geben. Ist das Vorhaben nicht richtig durchdacht oder nicht gut genug organisiert, schlägt es fehl und man erleidet Schaden.

Neun auf zweitem Platz bedeutet:
Inmitten des Heeres!
Heil! Kein Makel!
Der König verleiht dreifache Auszeichnung.

Ein echter Anführer muß inmitten seiner Leute weilen, um ihren Gehorsam zu gewährleisten. Er darf sich nicht absondern und eigene Regeln für seine Aktionen aufstellen. Somit sichert er sich auch die Anerkennung und Ehrung höhergestellter Kräfte.

Sechs auf drittem Platz bedeutet:
Das Heer führt etwa im Wagen Leichen.
Unheil!
Oder, wenn im Heer etwa sich die Menge
zum Herren macht
(also auf dem Wagen mitfährt),
so ist das unheilvoll.

Wenn sich ein unrechtmäßiger Anführer dem Heer aufdrängen will, entsteht Leid. Ein solcher Mensch besitzt nicht die wahre Autorität, um die Angelegenheiten der Menschen zu regeln. Durch diese von Ehrgeiz getriebene, vollkommen unbewußte Handlung bringt er dem ganzen Heer oder Menschen, für die er die Verantwortung trägt, nur Unheil. Ein Mensch, der eine Macht, der er nicht wahrhaft gewachsen ist, an sich reißen will, stürzt sich selbst und andere ins Unglück.

Sechs auf viertem Platz bedeutet:
Das Heer zieht sich zurück.
Kein Makel.

Es ist klug, einen Kampf mit allzu unausgeglichenen Kräften rechtzeitig zu beenden. Es ist jetzt weiser, sich zurückzuziehen und innezuhalten. Etwas vollkommen Aussichtsloses jetzt weiterzuverfolgen, zeugt von Blindheit und Uneinsichtigkeit.

Sechs auf fünftem Platz bedeutet:
Im Feld ist ein Wild.
Es ist fördernd, es zu fangen.
Ohne Makel.
Der Älteste führt das Heer.
Der Jüngere fährt Leichen,
da bringt Beharrlichkeit Unheil.

Ein erfahrener Mann führt den Kampf. Ein Feind muß auf gerechte Weise in seine Schranken gewiesen werden. Es darf dabei zu keinen unnötigen Verwüstungen und Ausschreitungen von seiten der Massen kommen. Übertriebene Tapferkeit führt in diesem Fall ins Unglück.

Oben eine Sechs bedeutet:
Der große Fürst erläßt Befehle,
gründet Staaten, belehnt Familien.
Gemeine Menschen
soll man nicht benutzen.

Der Krieg ist gewonnen, der Sieg ist sicher. Der Fürst verteilt Geschenke an seine Untertanen, die ihm im Krieg treu gedient haben. Doch der einfache Mann erhält nur Geld. Er soll nicht mit Land beschenkt werden. Land würde für ihn Freiheit und deshalb auch eine gewisse Macht bedeuten. Aber Macht und Freiheit stehen ihm an dieser Stelle nicht zu. Der Fürst befürchtet, daß es zu einem Machtmißbrauch kommen könnte. Mit anderen Worten: Es ist wichtig zu beachten, wie ein Mensch in einer bestimmten Situation mit seiner Verantwortung umgeht und ob er dazu neigt, seine Macht zu mißbrauchen.

比

8. Bi / Das Zusammenhalten

䷇ *Oben Kan, das Abgründige, das Wasser*
Unten Kun, das Empfangende, die Erde

Das Wasser fließt in die Erde hinab und verbindet sich mit ihr. Auch alle Bäche und Flüsse treffen sich irgendwann auf ihrem langen Weg, um sich ins Meer zu ergießen. Hier wird das Zusammenhalten gleicher Arten von Energien nahegelegt. Die Erde läßt das Wasser durch sich hindurchfließen. Sie versperrt ihm nicht den Weg. Das Wasser wiederum formt die Erde auf seiner Reise zum großen Ozean. Wenn sich Elemente ergänzen, helfen sie sich gegenseitig. So ist es auch mit den Menschen.

DAS URTEIL

Das Zusammenhalten bringt Heil.
Ergründe das Orakel nochmals,
ob du Erhabenheit, Dauer und Beharrlichkeit hast,
dann ist kein Makel da.
Die Unsicheren kommen allmählich herbei.
Wer zu spät kommt, hat Unheil.

Wenn man mit Gleichgesinnten zusammenkommt, muß es, um einen inneren Zusammenhalt zu schaffen, einen gemeinsamen geistigen Mittelpunkt geben. Dies beinhaltet eine große Verantwortung. Ein Mensch, der eine solche Verantwortung übernehmen will, muß geistige Reife besitzen und auch verstehen, Verantwortung zu tragen. Wenn der Mittelpunkt stimmt und der Mensch der Sache gewachsen ist, zieht er auch unsichere und skeptische Menschen hinzu. Wenn er sich zu dieser Aufgabe jedoch innerlich nicht wahrhaft berufen fühlt, sondern es nur der Eitelkeit zuliebe tut, ist es besser, Abstand zu nehmen, um die eigenen Motivationen gründlichst zu überprüfen.

DAS BILD

Auf der Erde ist Wasser;
das Bild des Zusammenhaltens.
So haben die Könige der Vorzeit die einzelnen Staaten
als Lehen vergeben und mit den Lehensfürsten
freundlichen Verkehr gepflegt.

Im chinesischen Altertum war es außerordentlich wichtig, daß alle Fürstentümer und Lehensträger und das gesamte Volk in Harmonie zusammenhielten. Dies erhielt auch gleichzeitig die Macht des Staates aufrecht. In der heutigen Zeit gilt dies genauso. Es ist deshalb überaus wichtig, daß sich jeder einzelne Mensch auf dieser Erde als einen wichtigen Teil des Ganzen begreift und zu anderen Menschen eine innerliche Verbindung fühlt. Wie das Wasser in alle Ecken, Winkel und Ebenen fließt und sich dort mit der Erde verbindet und sie zusammenhält, so soll auch die Menschheit untereinander zusammenhalten und miteinander wirken.

DIE EINZELNEN LINIEN

Anfangs eine Sechs bedeutet:
Halte wahr und treu zu ihm;
das ist kein Makel.
Wahrheit wie eine volle Tonschüssel;
So kommt schließlich von außen her das Heil.

Ein Mensch, der sich zeigt, wie er ist und seine innere Wahrheit nicht versteckt, schafft sich die ehrlichsten und damit die besten Beziehungen zu anderen Menschen. Die Kraft seines inneren Wesens strahlt ungehindert nach außen und zieht genau die Menschen an, die zu ihm gehören und mit denen er eine wahre geistige Verbindung besitzt.

Sechs auf zweitem Platz bedeutet:
Halte zu ihm im Inneren.
Beharrlichkeit bringt Heil.

Ein Mensch wird dazu aufgefordert, Kontakt mit seinem inneren Wesen zu suchen und aufrechtzuerhalten. Er soll seinen tiefsten Eingebungen folgen und auf seine innere Stimme hören. Dadurch gewinnt er die Kraft, sich mit anderen Menschen auf geistiger Ebene zu treffen, ohne sich zu sehr zu verstricken und die eigene Mitte zu verlieren.

Sechs auf drittem Platz bedeutet:
Du hältst zusammen mit Menschen,
die nicht die rechten sind.

Wenn man sich mit Menschen zusammentut, die nicht wirklich zu einem passen, ist dieses Zusammensein auf die Dauer schädlich. Man muß sich auf sich selbst besinnen und innerlich zentriert bleiben. Es ist jetzt wichtig, sich ganz bewußt mit den Menschen zusammenzutun und sich unter den Menschen zu bewegen, zu denen man eine wahre innere Verbindung spürt.

Sechs auf viertem Platz bedeutet:
Auch äußerlich halte zu ihm.
Beharrlichkeit bringt Heil.

Geht es im Augenblick um die Beziehung zu einem Mann, so soll man auch im äußeren Leben ganz offen seine Zuneigung zu ihm zeigen und sich nicht von anderen beirren lassen. Es ist gut und richtig, innerlich wie äußerlich zu dieser Beziehung und zu diesem Menschen zu stehen.

Neun auf fünftem Platz bedeutet:
Offenbarung des Zusammenhaltens.
Der König läßt bei der Jagd nur von drei Seiten treiben
und verzichtet auf das Wild, das vorne abbiegt.
Die Bürger bedürfen nicht der Warnung.
Heil!

In China war es Sitte, das Wild nur von drei Seiten treiben zu lassen. Es hatte somit immer die Chance, zur vierten, offenen Seite hin zu entkommen, bevor es in ein Tor getrieben wurde, wo der König zum Schuß bereitstand. So wollte man den Tieren die Gelegenheit geben, sich selbst zu entscheiden. Auf den Menschen bezogen heißt dies, daß sich die Leute selbst frei für oder gegen etwas entscheiden können. Es soll nicht um ihre Gunst geworben werden. Wenn ein Vorhaben von wahrer Menschlichkeit, Ethik und Güte getragen wird, kommen die richtigen Menschen ihrer inneren Bestimmung nach ganz von selbst herbei.

Oben eine Sechs bedeutet:
Er findet zum Zusammenhalten kein Haupt.
Unheil.

Wenn der Anfang eines Vorhabens oder einer Arbeit energetisch nicht stimmt oder nicht richtig bedacht wurde, kann es weder Fortschritt noch einen positiven Abschluß geben. Sobald ein Mensch nur noch aus Angst heraus agiert und immer nur zögert und sich nicht entschließen kann, verpaßt er den richtigen Augenblick, um wirkungsvoll zu handeln. In diesem Fall wird er Fehler begehen, die er später zu bereuen hat.

小畜

9. Siau Tschu / Des Kleinen Zähmungskraft

䷈ *Oben Sun, das Sanfte, der Wind*
Unten Kiën, das Schöpferische, der Himmel

Der Wind bringt Wolken mit sich, die den Himmel vorübergehend bedecken. In diesem Zeichen »zähmt« die Kraft des Kleinen, des Sanften, die aufsteigende, starke, schöpferische Kraft des Himmels. All dies geschieht jedoch in einer Art von sanfter Harmonie, es ist kein Kampf. Die schöpferische Kraft, der Himmel, beugt sich für eine Weile der kleineren, weicheren Kraft und wird durch sie im Zaum gehalten. So lernen beide Kräfte ihre Möglichkeiten und Energien kennen und finden selbst in einer solchen Lage noch ihren kreativen Ausdruck.

DAS URTEIL

Des Kleinen Zähmungskraft hat Gelingen.
Dichte Wolken,
kein Regen von unserem westlichen Gebiet.

Diese Worte beziehen sich auf die Lage des König Wen im alten China. Er stammte aus dem Westen, war aber bei Dschou Sin im Osten in Gefangenschaft. Er konnte den Tyrannen immer nur durch Sanftheit in Art und Rede beruhigen. Heute bedeutet das Zeichen, daß man in einer solchen Lage, in der das Kleinere die Herrschaft über das Größere hat, nur durch kleine Schritte weiterkommt. Einen zu großen Schritt zu wagen wäre ein Fehler. Nur durch weise Besänftigung der äußeren Lage und durch absolute innere Entschlossenheit kann in einer solchen Situation der Erfolg eintreten.

DAS BILD

Der Wind fährt über den Himmel hin:
das Bild der Zähmungskraft des Kleinen.
So verfeinert die Edle
die äußere Form ihres Wesens.

Es ist jetzt das Weiseste, sich bewußt den Energien und Schwingungen der Zeit anzupassen. Wenn die Zeit zum Handeln noch nicht reif ist, muß man sich gedulden. In diesem Lebenszyklus ist es günstig, sich um das Innere zu kümmern und sich selbst besser kennenzulernen. Dies erweist sich zu einem späteren Zeitpunkt, nämlich wenn die Zeit zum Handeln wirklich reif ist, als von großem Vorteil.

DIE EINZELNEN LINIEN

Anfangs eine Neun bedeutet:
Wiederkehr auf den Weg.
Wie wäre das ein Makel.
Heil!

Es ist klug zu erkennen, wie weit man im Leben gehen kann. Es ist ebenso in Ordnung, innezuhalten oder sogar umzukehren, wenn sich eine Situation überspannt hat. Nichts erzwingen zu wollen erweist sich im Augenblick als der rechte Schritt.

Neun auf zweitem Platz bedeutet:
Läßt sich mitziehen zur Wiederkehr.
Heil!

Es ist immer hilfreich, von den Fehlern anderer Menschen zu lernen und nicht dieselben Fehler zu begehen. Wenn der Weg nach vorn nicht frei ist, muß man lernen, abzuwarten und sich zurückzuhalten. Auf diese Weise vergeudet man keine unnötige Kraft.

Neun auf drittem Platz bedeutet:
Dem Wagen springen die Speichen ab.
Mann und Frau verdrehen die Augen.

Dem Wagen springen die Speichen ab, es geht nicht vorwärts, auch nicht mit aller Gewalt. Wer dennoch vorwärtsdrängt, obwohl die Zeit nicht reif ist, verwickelt sich in selbstverschuldete Auseinandersetzungen und Schwierigkeiten. Dies wäre jetzt ein großer Fehler.

Sechs auf viertem Platz bedeutet:
Bist du wahrhaftig,
so schwindet Blut und weicht Angst.
Kein Makel.

Ein Mensch, der innerlich zu sich und seinem Wesen steht und seine innere Wahrheit lebt und dies auch nach außen hin ehrlich zeigt, hat Erfolg. Selbst sehr einflußreiche Leute, wie zum Beispiel seine Vorgesetzten, sind von diesem Verhalten beeindruckt. Seine selbstlose Art läßt ihn Freunde gewinnen, und es gelingt ihm, alle Hürden zu überwinden und das Rechte zu tun.

Neun auf fünftem Platz bedeutet:
Bist du wahrhaftig und treu verbunden,
so bist du reich in deinem Nächsten.

Ehrlichkeit und Offenheit führen zu innigen und harmonischen Verbindungen. Hingebung und Treue verbinden sich mit der Kraft und dem Willen, Verantwortung zu tragen. Dadurch erwacht in allen Herzen eine tiefe Freude. Dies ist der wahre Reichtum aller menschlichen Beziehungen.

Oben eine Neun bedeutet:
Es kommt zum Regen, es kommt zur Ruhe.
Das ist der dauernden Wirkung des Charakters zu verdanken.
Die Frau kommt durch Beharrlichkeit in Gefahr.
Der Mond ist fast voll.
Macht die Edle fort,
so kommt Unheil.

Die Lebenslage verlangt nach tieferer Einsicht und Wachheit. Eine Frau hat einen Erfolg errungen, doch sie darf jetzt nicht darauf beharren und sich auch nicht damit brüsten. Es wäre für sie am klügsten, sich im Augenblick mit dem Erreichten zufriedenzugeben. Der Mond ist voll und beginnt bereits wieder an Kraft zu verlieren. Die Situation scheint zwar gefestigt, aber sie kann sich ebensogut jeden Moment wieder verändern. Deshalb ist es ratsam, Ruhe und Besinnung zu finden und jetzt nicht weiterzudrängen.

10. Lü / Das Auftreten

䷉ *Oben Kiën, das Schöpferische, der Himmel*
Unten Dui, das Heitere, der See

Oben ist der Vater, das Starke, das Schöpferische, unten die jüngste Tochter Dui, das Heitere. Das Starke »tritt« hier auf das Schwache, ohne ihm zu schaden. Das Auftreten, das Auf-etwas-Treten, ist in diesem Fall etwas Selbstverständliches. Man lernt im Leben, auf die rechte Weise aufzutreten, man lernt sich zu benehmen. Darin liegt großes Talent und tiefe Weisheit. Das Schwache tritt auf das Starke, das Starke auf das Schwache. Geschieht dies mit Heiterkeit und Humor, gibt es keinerlei negative Bewertungen.

DAS URTEIL

Auftreten auf des Tigers Schwanz.
Er beißt den Menschen nicht.
Gelingen.

Die Lage und die Menschen, mit denen man zu tun hat, sind etwas schwierig, aber alles kann durch richtiges und aufmerksames Auftreten und Benehmen in die rechten Bahnen geleitet werden. Stark und schwach ist hier eng beisammen, stört sich aber gegenseitig nicht, solange die Stimmung heiter bleibt und keine heimlichen Verletzungen und Reizungen stattfinden.

DAS BILD

Oben der Himmel, unten der See:
das Bild des Auftretens.
So unterscheidet die Edle hoch und niedrig
und festigt dadurch den Sinn des Volkes.

Unterschiede gibt es viele, doch jeder Mensch ist gleich wertvoll. Gegensätze ergänzen sich, Gegenpole brauchen einander, um zu existieren. Doch eine kluge Frau wertet nicht. Dadurch beweist sie wahre Autorität. Mit gutem Willen und einem offenem Herzen paßt alles zueinander, ergänzt sich und gleicht sich aus. Wahre Menschlichkeit wird immer geschätzt und respektiert. Wenn jeder Mensch seine Rolle im Leben spielt und damit glücklich und zufrieden ist, lebt die gesamte Menschheit in Frieden.

DIE EINZELNEN LINIEN

Anfangs eine Neun bedeutet:
Einfaches Auftreten.
Fortschreiten ohne Makel.

Wahre Einfachheit ist ein weiser Schlüssel. Nichts Besonderes darstellen wollen, bedeutet Freiheit. Ein Mensch, der seinem Herzen folgt und nicht seinem Ego, erringt immer den wahren Sieg. Die wahre innere Erfüllung liegt nicht in dem, was noch zu erreichen ist, sondern in dem, was jetzt ist. Ein Mensch, der dies begriffen hat und das Einfache im Leben genießen kann, lebt von innerem Licht durchdrungen und benimmt sich dadurch immer makellos.

Neun auf zweitem Platz bedeutet:
Auftreten auf schlichter, ebener Bahn.
Eines dunklen Mannes Beharrlichkeit
bringt Heil.

Hier wird auf einen Menschen hingewiesen, der sich den verlockenden Verstrickungen des Weltgetriebes bewußt entzogen hat. Sein inneres Verständnis leitet ihn auf seinem einfachen, geradlinigen Weg. Er hat alles, was er braucht und braucht nichts, was er nicht hat. Er verlangt nichts von seinem Schicksal. Damit besitzt er die Freiheit, wahrhaft zu sein und zu leben, wer er wirklich ist.

Sechs auf drittem Platz bedeutet:
Ein Einäugiger kann sehen,
ein Lahmer kann auftreten.
Er tritt auf des Tigers Schwanz.
Der beißt den Menschen.
Unheil!
Ein Krieger handelt so
für seinen großen Fürsten.

Sich selbst zu überschätzen ist in jeder Lebenslage gefahrvoll. Selbsterkenntnis beinhaltet die Fähigkeit, die eigenen Grenzen wahrzunehmen und ohne jegliche Bewertung oder Auflehnung zu respektieren. Seine Kräfte ohne Rücksicht zu verausgaben, kann sich höchstens ein wahrer spiritueller Krieger leisten, der sich bewußt in den Dienst einer höheren Gewalt gestellt hat.

Neun auf viertem Platz bedeutet:
Er tritt auf des Tigers Schwanz.
Vorsicht und Behutsamkeit
führen endlich zum Heil.

Vorsicht ist geboten. Man darf jetzt nichts übereilen wollen und muß doch mit Vertrauen voranschreiten. Doch solange man vorsichtig und aufmerksam bleibt, erreicht man auch sein Ziel.

Neun auf fünftem Platz bedeutet:
Entschlossenes Auftreten.
Beharrlichkeit
bei Bewußtsein der Gefahr.

Trotz des Bewußtseins der Gefahr ist jetzt ein starkes Auftreten notwendig. Jede Zurückhaltung wäre in dieser Situation das Falsche. Man muß für sich selbst einstehen und dem Resultat und den möglichen Konsequenzen angstlos begegnen. Nur so stellt sich der Erfolg ein.

Oben eine Neun bedeutet:
Blicke auf dein Auftreten
und prüfe die günstigen Zeichen.
Ist alles vollkommen,
so kommt erhabenes Heil.

Was ein Mensch sät, wird er auch ernten. Wenn dieser Mensch auf seine Worte und Taten zurückblickt, wird ihm alles klarwerden. Er selbst ist für die Folgen seines Auftretens und seines Benehmens verantwortlich – ganz gleich, welche Formen diese Folgen jetzt annehmen mögen. Hat er Samen der Freude gesät, wird er die Früchte der Freude ernten. Hat er die Samen der Bitterkeit gesät, werden auch die Früchte am Ende bitter sein.

泰

11. Tai / Der Friede

䷊ *Oben Kun, das Empfangende, die Erde*
Unten Kiën, das Schöpferische, der Himmel

Beide Kräfte begegnen sich in Harmonie. Sie ergänzen sich, und es herrscht Frieden. Der Himmel ruht unten, die Erde oben. Die Erde wird auf diese Weise von unten her von der schöpferischen und befruchtenden Kraft des Himmels durchdrungen. Die Kombination dieser beiden Urkräfte ist ein Symbol der Frühlingsenergie, durch die nach einem langen Winter alles wieder wie durch ein Wunder zum Blühen und Gedeihen kommt.

DAS URTEIL

Der Friede.
Das Kleine geht hin, das Große kommt her.
Heil! Gelingen!

Der Himmel hat sich unter die Erde gestellt, und es herrscht Eintracht und Harmonie. Unterschiede schwinden, und damit wird eine Form der innigsten Einheit geboren. Nur so ist echter Frieden möglich. Die starken, ungebrochenen Linien sind unten und stützen die oberen weichen, gebrochenen Linien. Das Licht kommt von unten her und erhellt das Dunkle. Neues Bewußtsein erwacht. Diese Verbindung bringt Heil und Segen.

DAS BILD

Himmel und Erde vereinigen sich:
das Bild des Friedens.
So teilt und vollendet der Herrscher
den Lauf von Himmel und Erde,
fördert und ordnet die Gaben von Himmel und Erde
und steht so dem Volke bei.

Harmonie ensteht durch innere und äußere Balance. Wenn die Dinge weise und liebevoll geordnet werden, herrscht Frieden. Ein bewußt handelnder Mensch hilft auf diese Weise allen anderen Menschen in seinem Umfeld. Allein seine physische Anwesenheit bringt harmonische Schwingungen und ein Gefühl des Vertrauens und der Geborgenheit mit sich. Solch ein Mensch weiß auch, wann er handeln muß und wann nicht. Er überstürzt nichts und lebt somit in vollendeter Harmonie mit dem Tao des Lebens.

DIE EINZELNEN LINIEN

Anfangs eine Neun bedeutet:
Zieht man Bandgras aus, so geht der Rasen mit.
Jeder nach seiner Art.
Unternehmungen bringen Heil.

Wenn die Zeit reif zum Handeln ist, geht alles leicht und wie von selbst. Dann findet man auch viele Gleichgesinnte, die am selben Strang ziehen und in dieselbe Richtung arbeiten. Wie man ein Bandgras auszieht und dabei gleich eine Menge weiteres Gras mit ausgezogen wird, da die Wurzeln miteinander verbunden sind, so folgen auch die gleichgesinnten Freunde auf ganz natürliche Weise nach. Zwischen allen Beteiligten besteht eine tiefe Verbindung. Dieser Umstand erweist sich jetzt von größtem Nutzen für alle.

Neun auf zweitem Platz bedeutet:
Die Ungebildeten in Milde tragen,
entschlossen den Fluß durchschreiten,
die Ferne nicht vernachlässigen,
die Genossen nicht berücksichtigen,
so mag man es fertigbringen,
in der Mitte zu wandeln.

Solange man sich auf dem Höhepunkt des Erfolges befindet, ist es wichtig, die anderen Menschen nicht zu beurteilen und als minderwertig anzusehen, denen ein solcher Erfolg nicht beschert wurde. Es ist nicht weise oder gar vorteilhaft, sich nur mit den Menschen abzugeben und zu verbinden, die auf gleicher gesellschaftlicher Ebene stehen. Man läuft Gefahr, sich in der geistigen Enge einer solchen Gemeinschaft zu verlieren. Es ist ein guter Augenblick, etwas zu wagen und einen Schritt zu tun, vor dem man Hemmungen oder sogar Angst hatte. Doch es ist ratsam, in allem Tun die Balance zu wahren.

Neun auf drittem Platz bedeutet:
Keine Ebene, auf die nicht ein Abhang folgt,
kein Hingang, auf den nicht die Wiederkehr folgt.
Ohne Makel ist,
wer beharrlich bleibt in Gefahr.
Beklage dich nicht über diese Wahrheit,
genieße das Glück, das du noch hast.

Das Leben ist wie eine Welle. Es ist immer in Bewegung, es geht immer auf und ab. Die Menschheit lebt nicht nur in einem dunklen Tal oder nur auf einer lichten Höhe. Nach Erfolg kommt Mißerfolg und dann wieder der Erfolg. Die Menschen durchleben auf ihrem Lebensweg immer beide Zustände. Wer diesen Kreislauf erkennt und versteht, dem kann er nichts mehr anhaben, da er sich nicht mehr mit diesem ständig wechselnden äußerlichen wie auch innerlichen Auf und Ab identifiziert. So ein Mensch erkennt die tiefe Wahrheit der ewigen Wandlung, die in allen Lebenszyklen zutage tritt und stellt sich ihr nicht mehr entgegen. Er erspürt seine geistige Mitte, sein inneres Wesen, welches diesem Wandel nicht unterworfen ist. Er genießt jeden Augenblick, wie er kommt und fragt nicht nach mehr.

Sechs auf viertem Platz bedeutet:
Er flattert hernieder,
nicht pochend auf Reichtum,
zusammen mit seinen Nächsten,
arglos und wahrhaftig.

Wenn jemand eine geistige Verbindung mit einem anderen Menschen besitzt, ist es unwichtig, ob der eine reich oder der andere arm ist. Irdische Reichtümer spielen in diesem Fall keine Rolle und machen keinen Unterschied. Es ist die spirituelle Verbindung und herzliche Einigkeit, die hier auf wundervolle Art zusammenwirkt.

Sechs auf fünftem Platz bedeutet:
Der Herrscher gibt seine Tochter in die Ehe.
Das bringt Segen und erhabenes Heil.

Auch wenn ein Mensch im Leben »höher« steht und mehr besitzt als ein anderer, so ist doch eine harmonische und segensreiche Vereinigung dieser beiden Menschen möglich. Wenn die innere Verbindung wahrhaftig ist und übereinstimmt, braucht man sich in einem solchen Fall nicht durch derartige Äußerlichkeiten bremsen lassen.

Oben eine Sechs bedeutet:
Der Wall fällt wieder in den Graben.
Jetzt brauche keine Heere.
In der eigenen Stadt verkünde deine Befehle.
Beharrlichkeit bringt Beschämung.

Das Schicksal wandelt sich. Es gilt jetzt, sich diesem jeweiligen Schicksal zu fügen und nicht um etwas zu kämpfen, das nicht durch Kampf verändert oder errungen werden kann. Es ist besser, sich still zu verhalten und die Dinge ihren natürlichen Lauf nehmen zu lassen, als sich ungeschickt zu benehmen und die ganze Sache noch zu verschlimmern.

否

12. Pi / Die Stockung

䷋ *Oben Kiën, das Schöpferische, der Himmel*
Unten Kun, das Empfangende, die Erde

Dieses Zeichen symbolisiert die nahende Herbstenergie. Die Kraft des Himmels zieht sich von der Kraft der Erde langsam, aber stetig zurück. Die Sonne steht nicht mehr so steil, ihr Licht hat nicht mehr dieselbe Kraft. Das Jahr der Blüte und Reife hat seinen Höhepunkt überschritten und bereitet sich auf einen tiefgreifenden Wandel vor. Durch den natürlichen Rückzug der Kräfte beginnt in der Natur und auch in den Geschäften der Menschen das Welken und Absterben.

DAS URTEIL

Die Stockung.
Schlechte Menschen sind nicht fördernd
für die Beharrlichkeit der Edlen.
Das Große geht hin,
das Kleine kommt herbei.

Die Tage werden kürzer, das Licht weniger und die Nächte länger. Wenn die lichte Energie weniger wird und vergeht, zieht es oft die dunkleren, unbewußteren Geister hervor. All dies ist jedoch nur symbolisch zu verstehen. In Wirklichkeit ist dieser Wandel der Jahreszeiten und Lebenszyklen etwas ganz Natürliches. Verwirrung entsteht dann, wenn wir nicht bewußt mit diesen neuen Einflüssen umgehen und nicht begreifen, daß man sich trotz der sich wandelnden Kräfte innerlich treu bleiben kann.

DAS BILD

Himmel und Erde vereinigen sich nicht:
das Bild der Stockung.
So zieht sich die Edle auf ihren inneren Wert zurück,
um den Schwierigkeiten zu entgehen.
Sie läßt sich nicht durch Einkünfte ehren.

Eine Frau, die ihren wahren Wert kennt, bleibt ihrer inneren Wahrheit treu und läßt sich von niemandem kaufen. Wenn eine Situation unbewußtes und für andere Menschen schädigendes Handeln verlangt, macht sie nicht mit. Sie zieht sich von allen unedlen Machenschaften zurück und verhält sich still.

DIE EINZELNEN LINIEN

Anfangs eine Sechs bedeutet:
Zieht man Bandgras aus, so geht der Rasen mit.
Jeder nach seiner Art.
Beharrlichkeit bringt Heil
und Gelingen.

Gleiches zieht Gleiches an. Der Rückzug aus einer Situation zieht andere Gleichgesinnte mit. Es ist gut zu erkennen, wann man sich zurückzuziehen hat und wann die Energien zum Stocken kommen. Wenn die Kraft in einer Situation oder einem Projekt zum Stocken kommt, das heißt stagniert und nicht mehr von selbst fließt, ist es besser, keine Energie mehr in diese Richtung zu investieren.

Sechs auf zweitem Platz bedeutet:
Sie tragen und dulden,
das bedeutet für die Gemeinen Heil.
Der großen Frau
dient die Stockung zum Gelingen.

Ein unbewußter Mensch vergeudet seine Kräfte, weil er den tieferen Sinn der Situation nicht begreift und mit aller Macht versucht, die Dinge nach seinem Willen zu formen. Dies ist jedoch nicht möglich. Eine weise Frau mischt sich nicht ein, wenn die Energien ins Stocken kommen. Sie versucht nicht gewaltsam, sie wieder zum Fließen zu bringen. Sie lernt aus der Situation, auch wenn es im Augenblick schmerzt, und wartet auf den richtigen Zeitpunkt.

Sechs auf drittem Platz bedeutet:
Sie tragen Scham.

Wenn man etwas an sich gerissen hat, ganz gleich auf welcher Ebene des Lebens, das nicht zu einem gehört, meldet sich, wenn man Glück hat, das eigene Gewissen. Dies ist der Anfang einer positiven Wendung der Lage.

Neun auf viertem Platz bedeutet:
Wer auf Befehl des Höchsten wirkt,
bleibt ohne Makel.
Die Gleichgesinnten genießen des Segens.

Wer sich der inneren Weisheit öffnet und dieser Kraft vertraut, dem wird jetzt weitergeholfen. Die Stockung der Energie läßt dann allmählich nach. Doch wer aus egoistischen Gründen handelt, muß sich hüten. Wer die Situation klären und zum Guten wenden will, muß aus uneigennützigen Motiven und völlig selbstlos handeln. Dadurch zieht dieser Mensch auch den Segen aller Gleichgesinnten und Freunde an.

Neun auf fünftem Platz bedeutet:
Die Stockung läßt nach.
Der großen Frau Heil!
»Wenn es mißlänge, wenn es mißlänge!«
Dadurch bindet sie es
an ein Bündel von Maulbeerstauden.

Eine weise Frau beginnt jetzt, in einer wichtigen Situation ihres Lebens Ordnung zu schaffen. Sie besitzt die richtige Kraft für diese Aufgabe. Aber der Gedanke, daß alles schiefgehen könnte, ist ebenfalls noch vorhanden. Doch diese Unsicherheit ist in einer solchen Lebenslage natürlich, und der kleine Zweifel verhindert letztlich nicht ihren Durchbruch und Erfolg.

Oben eine Neun bedeutet:
Die Stockung hört auf.
Erst Stockung, dann Heil.

Wer einmal im Leben durch das Tal der Stockung der Kräfte geschritten ist, hat viel dazugelernt. Dieser Mensch weiß, daß nach jeder Stockung, und sei sie noch so furchterregend, die Lebenskraft wieder zum Fließen kommt. Wenn man lernt, die eigenen Kräfte in einer solchen Lage positiv einzusetzen, daß heißt, mit den Energien zu schwingen und nicht gegen sie, offenbart sich das wahre menschliche Potential.

同人

13. Tung Jen / Gemeinschaft mit Menschen

Oben Kiën, das Schöpferische, der Himmel
Unten Li, das Haftende, die Flamme

Li, die Flamme, steigt nach oben und verbindet sich dort mit der schöpferischen Kraft des Himmels. Dieses Zusammenfließen der Energien ergibt und fördert eine wahre Gemeinschaft, deren Kraft dem Inneren entspringt. Eine solche Verbindung ist ihrem ganzen Wesen nach sehr kreativ, da sich beide Kräfte gegenseitig harmonisch ergänzen und nähren.

DAS URTEIL

Gemeinschaft mit Menschen im Freien:
Gelingen.
Fördernd ist es,
das große Wasser zu durchqueren.
Fördernd ist der Edlen Beharrlichkeit.

Eine geistige Gemeinschaft wird immer aus einem höheren Zweck geboren. Sie hält nur, wenn das Zusammensein einem höheren Sinn dient. Dann ist es auch möglich, Barrieren zu überwinden bzw. keine Angst zu haben, das große Wasser zu durchqueren und Dinge zu tun und Situationen zu überwinden, vor denen man normalerweise Angst hat. Ein Mensch, der diese Art der geistigen Inspiration und inneren Klarheit besitzt, kann eine solche geistige Gemeinschaft um sich versammeln.

DAS BILD

Himmel zusammen mit Feuer:
das Bild der Gemeinschaft mit Menschen.
So gliedert die Edle die Stämme
und unterscheidet die Dinge.

Die Kraft des Himmels und die Kraft des Feuers streben nach oben, um sich zu vereinigen. Wenn eine weise Frau ihre Energien richtig einzusetzen weiß und somit die innere Kraft besitzt, ihre Lebensaufgaben ernst zu nehmen und mit Freude zu verrichten, herrscht wahre Gemeinsamkeit und Harmonie. Wenn die Aufgaben nicht verantwortungsvoll übernommen und daher freudlos verrichtet werden, entsteht Chaos.

DIE EINZELNEN LINIEN

Anfangs eine Neun bedeutet:
Gemeinschaft mit Menschen im Tore.
Kein Makel.

Alle Beteiligten haben in einer bestimmten Lebenssituation dieselben Chancen und stehen sich durch ihre innere Verbindung nahe. Diese Menschen haben das gleiche Ziel. Sie arbeiten zusammen in dieselbe Richtung, und keiner bleibt ausgeschlossen. Somit können sie sich gegenseitig helfen und tun damit in ihrem Leben auch das Rechte.

Sechs auf zweitem Platz bedeutet:
Gemeinschaft mit Menschen im Klan:
Beschämung.

Wer Gemeinschaften bilden will, bei denen Menschen ausgeschlossen werden sollen, findet jetzt nur Beschämung und Schande. Eine Cliquenwirtschaft brächte der augenblicklichen Situation nur Schaden. Man muß alle Beteiligten anhören und versuchen, die Unterschiede zwischen den verschiedenen Meinungen nicht zu verschärfen, sondern sie durch ein tieferes Verständnis aufzulösen.

Neun auf drittem Platz bedeutet:
Versteckt Waffen im Dickicht,
steigt auf den hohen Hügel davor.
Drei Jahre erhebt er sich nicht.

Das Mißtrauen ist gesät. Man spürt es in sich selbst und projiziert es auch auf das Verhalten anderer Menschen. Eine echte Gemeinschaft ist im Augenblick nicht möglich, da das Vertrauen zwischen den Beteiligten fehlt. Es wird eine gewisse Zeit brauchen, um die tieferen Gründe für das Mißtrauen zu erkennen und durch gegenseitige Ehrlichkeit und Offenheit aufzulösen.

Neun auf viertem Platz bedeutet:
Er steigt auf seine Mauer,
er kann nicht angreifen.
Heil!

Das Ende der Entzweiung der Gemeinschaft ist nun in Sicht. Noch sind Gedanken und Mauern da, welche die Menschen innerlich voneinander trennen, doch man beginnt bereits damit, diese Abtrennungen zu überwinden. Noch gibt es viele Schwierigkeiten zu meistern, aber gerade durch diese Not kommt man jetzt innerlich zur Besinnung und sieht ein, daß jeder weitere Kampf sinnlos ist.

Neun auf fünftem Platz bedeutet:
Die gemeinsamen Menschen weinen erst und klagen,
aber nachher lachen sie.
Nach großen Kämpfen gelingt es ihnen,
sich zu treffen.

Auch wenn äußere Lebensumstände Menschen räumlich voneinander trennen, finden sie doch immer wieder in ihren Herzen zueinander. Sie bleiben ihrer inneren Gemeinschaft und ihren Gefühlen treu und überwinden so mit der Zeit auch alle äußeren Hindernisse. Nachdem die Barrieren, die vorher im Wege standen, erfolgreich überwunden sind, herrscht große Freude.

Oben eine Neun bedeutet:
Gemeinschaft mit Menschen auf dem Anger.
Keine Reue.

Im Leben steht man der eigenen Familie zunächst am nächsten. Eine innere Vereinigung mit Personen, die nicht der unmittelbaren Familie angehören, ist noch nicht erreicht. Aber man sehnt sich nach dem Gefühl einer Gemeinschaft und geistigen Verbindung mit anderen Menschen. Deshalb ist man jetzt auch bereit, sich Personen anzuschließen, für die man Respekt empfindet und in die man Vertrauen hat. Dadurch erwächst langsam das Gefühl der erweiterten Geborgenheit einer geistigen Familie, deren Mitglieder nicht immer blutsverwandt sein müssen.

大有

14. Da Yu / Der Besitz von Grossem

䷍ *Oben Li, das Haftende, die Flamme*
Unten Kiën, das Schöpferische, der Himmel

Bei diesem Zeichen ist Li, die Kraft des Feuers, oben und erhellt alles, was geschieht. Kiën, der Himmel, ist unten und unterstützt die Kraft des Lichts. Durch diese unterstützende Energie des Himmels werden die Dinge im Leben auf einfache Weise erhellt und von selbst klar. Einem Menschen, der dies versteht, fällt alles wie von selbst zu.

DAS URTEIL

Der Besitz von Großem:
Erhabenes Gelingen.

Wenn sich Stärke und Klarheit vereinigen, ist der Weg sicher und eindeutig. Wahre Kraft brüstet sich nicht, sie ist bescheiden und doch selbstsicher. Sie entspringt einer inneren Balance der Lebenskräfte, die dadurch ihr volles Potential entfalten können.

DAS BILD

Das Feuer am Himmel oben:
das Bild des Besitzes von Großem.
So hemmt die Edle das Böse und fördert das Gute
und gehorcht so des Himmels gutem Willen.

Durch das Licht der Sonne wird alles auf der Welt gleichmäßig erhellt. Die Sonne unterscheidet nicht zwischen Gut und Böse. Ihr Licht fällt auf alle Kreatur, ohne Urteil. Doch es ist heilend und hilfreich, im Leben das Gute anzustreben und dem Bösen mit mehr Bewußtheit zu begegnen. Deshalb ist es für eine kluge Frau in jeder Lebenslage fördernd, das Potential beider Energien zu erkennen und zu beobachten. Sie entscheidet sich damit ganz bewußt für den positiven Weg, der weder anderen Menschen noch ihr selbst unnötige Schmerzen verursacht.

DIE EINZELNEN LINIEN

Anfangs eine Neun bedeutet:
Keine Beziehung zu Schädlichem,
das ist nicht ein Makel.
Bleibt man der Schwierigkeit bewußt,
so bleibt man ohne Makel.

Wenn man sich viele materielle Güter erarbeitet hat und reich ist, ist manchmal die Gefahr des Hochmuts anderen Menschen gegenüber gegeben, die weniger besitzen. Man muß sich dieses Gefühls bei seinem Aufsteigen bewußt werden. Man darf es nicht durch die eigene Gedankenkraft nähren, sonst bringt es einen später selbst zu Fall.

Neun auf zweitem Platz bedeutet:
Ein großer Wagen zum Beladen.
Man mag etwas unternehmen.
Kein Makel.

Es ist ein Geschenk des Himmels, kompetente und gutwillige Menschen, die bereit sind, Verantwortung zu tragen, bei wichtigen Unternehmungen zur Seite zu haben. Den daraus entstehenden Reichtum nur zu horten, wäre deshalb fehl am Platz. Die Kraft des wahren Reichtums beschränkt sich nicht nur auf das, was man kaufen, sondern auch auf das, was man geben kann. Wahrhaft reich ist ein Mensch nur dann, wenn er die innere Freiheit und menschliche Großherzigkeit besitzt, die Energie des Geldes zu größeren und humaneren Zwecken als nur der eigenen Bereicherung zu verwenden.

Neun auf drittem Platz bedeutet:
Ein Fürst bringt ihn dem Sohn des Himmels dar.
Ein kleiner Mensch kann das nicht.

Nur ein Mensch, der seinen Reichtum mit anderen Menschen teilen kann, ist wahrhaft reich. Einen solchen Menschen nährt der Himmel mit seinen unermeßlichen und unerschöpflichen Kräften. Aber ein Mensch, der aus Angst, niemals genug zu bekommen, sein Herz verschließt und deshalb alles an sich rafft und nichts mehr loslassen kann, dem wird sein eigener Besitz zur Falle.

Neun auf viertem Platz bedeutet:
Er macht einen Unterschied
zwischen sich und seinem Nächsten.
Kein Makel.

Sich der Versuchung des Egos hinzugeben, mit reichen und mächtigen Leuten zu konkurrieren, bringt jetzt nur Unheil und Mißerfolg. Es ist klüger, sich nicht am Besitztum anderer Menschen zu orientieren und davon blenden zu lassen. Es ist intelligent, von Gefühlen des Neides und der Mißgunst bewußt Abstand zu nehmen.

Sechs auf fünftem Platz bedeutet:
Wessen Wahrheit umgänglich ist und doch würdig,
der hat Heil.

Es ist eine günstige Zeit, um Menschen durch die Kraft der inneren Wahrheit und Ehrlichkeit des eigenen Wesens zu überzeugen und als Freunde zu gewinnen. Man braucht sich dann von der Außenwelt nicht weiter beirren zu lassen, auch wenn einem manche etwas ungläubig und mißtrauisch gegenüberstehen. Dieser Unglauben, der aus der eigenen Ungläubigkeit in ihr geistiges Wesen entspringt, kann sich nur durch Freundlichkeit und Beständigkeit auflösen.

Oben eine Neun bedeutet:
Vom Himmel her wird sie gesegnet,
Heil!
Nichts, das nicht fördernd ist.

Eine wache Frau kann auch ihr eigener Reichtum nicht blenden. Sie lebt offen und bescheiden und immer zur Hilfe bereit. Sie gleicht einer weisen Frau, die sich vom Getriebe der Welt bewußt zurückgezogen und nun ihren wahren Reichtum im Inneren gefunden hat. Somit ist alles, was sie unternimmt, von der Kraft des Himmels gesegnet.

謙

15. Kiën / Die Bescheidenheit

䷎ *Oben Kun, das Empfangende, die Erde*
Unten Gen, das Stillhalten, der Berg

Oben steht Kun, das Empfangende, die Erde, welche in diesem Zeichen auch die Kraft des Niedrigen und der inneren Bescheidenheit symbolisiert. Darunter ist Gen, das Stillhalten, der Berg, der jüngste Sohn der schöpferischen Kraft, welcher die innere Ruhe und Erhabenheit des Himmels auf Erden widerspiegelt. Beide Kräfte vereinen sich in stiller Harmonie, welche der sichtbare Ausdruck wahrer Zufriedenheit und Liebe ist.

DAS URTEIL

Bescheidenheit schafft Gelingen.
Die Edle bringt zu Ende.

Wahre innere und äußere Bescheidenheit ist ein Geschenk göttlicher Gnade. Sie kennt keine Grenzen und schafft keine Hindernisse. Ihre Kraft ist durchdringend und unendlich. Wenn die irdische Fülle ihren Höhenpunkt überschritten hat, verwandelt sie sich wieder in ihren Gegenpol, die Leere. Die Weisheit der Bescheidenheit steht über diesem Wandel. Sie brüstet sich nicht mit ihrer Fülle und verdammt nicht die darauf folgende Leere. Wenn eine Frau diesen Kreislauf verstanden hat, arbeitet sie auf kein absolutes »Ziel« mehr hin. Sie weiß, daß alles im Leben im Wandel begriffen ist und immer sein wird. Sie versteht es, mit den Kräften und Energien der jeweiligen Lebenssituationen bewußt und intelligent umzugehen.

DAS BILD

Inmitten der Erde ist der Berg:
das Bild der Bescheidenheit.
So verringert die Edle, was zuviel ist,
und vermehrt, was zuwenig ist.
Sie wägt die Dinge und macht sie gleich.

Es geht hier um einen wichtigen Ausgleich der inneren und äußeren Kräfte. Um Extreme zu vermeiden, ist es wichtig, die Energien rechtmäßig und damit gleichmäßig zu verteilen. Eine kluge Frau weiß, daß in Situationen, in denen die Gegensätze zu stark sind, immer Unfrieden und Unrast entsteht. Sie weiß, daß Ordnung und Frieden immer eine Angleichung der Kräfte vorausgeht. Somit behält sie in allen Lebenslagen ihre innere Ruhe und Balance.

Anfangs eine Sechs bedeutet:
Eine bescheiden-bescheidene Edle
mag das große Wasser durchqueren.
Heil!

Je weniger Erwartungen, desto geringer die Enttäuschungen. Selbst bei einer sehr schwierigen Aufgabe ist die Kraft der Bescheidenheit und inneren Einfachheit für eine weise Frau jetzt am hilfreichsten. Sie verrichtet die nötige Arbeit ohne Auflehnung und ohne besondere Erwartungen und entgeht somit allen Enttäuschungen und äußeren Widerständen.

Sechs auf zweitem Platz bedeutet:
Sich äußernde Bescheidenheit.
Beharrlichkeit bringt Heil.

Die innere Bescheidenheit eines Menschen spricht durch sein ganzes Wesen. Er kann sie nicht verstecken oder verdrängen. Sie spricht aus seinem Herzen und aus seinen Worten. Sie spricht aus seinen Handlungen und aus der Art, wie er mit seiner Umwelt verkehrt. Die Wirkung seiner inneren Bescheidenheit wird von allen Menschen als heilend erspürt.

Neun auf drittem Platz bedeutet:
Eine verdienstvoll-bescheidene Edle bringt zu Ende.
Heil!

Bescheidenheit ist der Schlüssel zu wahrem Erfolg. Auch wenn man bekannt ist, kann man sich bescheiden geben und sich nicht der Verblendung des vergänglichen Ruhmes hingeben. Wer sich trotzdem stolz und blind über andere Menschen stellt, erntet jetzt nur Kritik. Wahre Hilfe und Zuneigung von anderen Menschen erhält man erst, wenn durch ein tieferes Verständnis echte Bescheidenheit erwacht.

Sechs auf viertem Platz bedeutet:
Nichts, das nicht fördernd wäre
für Bescheidenheit in der Bewegung.

Es gibt Situationen im Leben, da ist übertriebene Bescheidenheit, eine Bescheidenheit, die in Unterwürfigkeit ausartet, falsch und vollkommen fehl am Platz. Man muß sich nicht unter die anderen Menschen stellen wollen und sich kleiner machen, als man ist, um etwas im Leben zu bewirken. Man soll seine Bescheidenheit auch nicht als Aushängeschild benutzen, um anderen Menschen zu beweisen, daß man besser ist als sie.

Sechs auf fünftem Platz bedeutet:
Nicht pochen auf Reichtum seinem Nächsten gegenüber.
Fördernd ist es, mit Gewalt anzugreifen.
Nichts, das nicht fördernd wäre.

Man soll den Reichtum nicht dazu benutzen, um sich über andere Menschen zu stellen und besser und wichtiger zu erscheinen als sie. Doch man muß jetzt auch durchgreifen lernen und nicht alles hinnehmen, wenn die Situation es verlangt. Eine solche Handlung bedeutet jedoch keine Behinderung der inneren Bescheidenheit. Wenn die Lebenslage nach bewußtem Handeln verlangt, ist eine aktive Haltung angebracht.

Oben eine Sechs bedeutet:
Sich äußernde Bescheidenheit.
Fördernd ist es, Heere marschieren zu lassen,
um die eigne Stadt
und das eigne Land zu züchtigen.

Um Bescheidenheit zu erlernen, muß man bei sich selbst beginnen. Ordnung schaffen im engsten Kreise ist immer der erste Schritt. Bescheidenheit bedeutet nicht Schwachheit den anderen Menschen oder dem Leben gegenüber. Im Gegenteil. Obwohl menschliche Schwäche die Maske der Bescheidenheit tragen kann, ist wahre Bescheidenheit in Wirklichkeit wahre innere Stärke. Es braucht großes Vertrauen dem Leben gegenüber, das Nichtwissen und die Ungewißheit des menschlichen Daseins anzunehmen, wie sie sind und nicht in Selbstmitleid zu versinken.

豫

16. Yü / Die Begeisterung

䷏ *Oben Dschen, das Erregende, der Donner*
Unten Kun, das Empfangende, die Erde

Die Kraft der Hingebung, des Empfangenden, der Erde ist in diesem Zeichen unten. Sie nimmt die Kraft des Erregenden bereitwillig in sich auf. So unterstützt sie seine Bewegung durch die Kraft ihrer aufnehmenden Hingabe. Wenn soviel erregende Energie in Bewegung kommt, entwickelt sich die Kraft wahrer Begeisterung. Wenn soviel inspirierende Kraft auf bereitwillige Hingabe trifft, manifestiert sich das Wunderbare und das Undenkbare im Leben. Die Kraft der inneren Begeisterung und Inspiration ist fähig, alle Barrieren zu überwinden.

DAS URTEIL

Die Begeisterung.
Fördernd ist es, Gehilfen einzusetzen
und Heere marschieren zu lassen.

Durch von Herzen kommende, uneigennützige, reine Begeisterung kann man jetzt Gleichgesinnte und Freunde für sich gewinnen, die einem bei einer wichtigen Angelegenheit hilfreich zur Seite stehen. Hier wirkt die Kraft der Begeisterung an einer gemeinsamen Arbeit oder einer inspirierenden Idee als kreatives Bindeglied zwischen den Menschen.

DAS BILD

Der Donner kommt aus der Erde hervorgetönt:
das Bild der Begeisterung.
So machten die alten Könige Musik,
um die Verdienste zu ehren,
und brachten sie herrlich dem höchsten Gotte dar,
indem sie ihre Ahnen dazu einluden.

Musik galt schon immer als eines der göttlichsten und heilendsten Mittel um wahre Begeisterung im Herzen der Menschen auszulösen. Wie der Donner über die Erde rollt und seine Musik ertönen läßt, so lassen auch die Menschen ihre vom Himmel inspirierten Töne erklingen. Die Sprache der Musik bedarf keiner Worte, sie ist universal verständlich, nur sie vermag, die innerste Verbindung zwischen den Herzen der Menschen zu offenbaren. So dient die Magie der Musik als Schlüssel zur göttlichen Kraft in jedem Menschen.

DIE EINZELNEN LINIEN

Anfangs eine Sechs bedeutet:
Begeisterung, die sich äußert,
bringt Unheil.

Manchmal ist zuviel Begeisterung auch hinderlich und fehl am Platz. Man muß sich jetzt davor hüten, aus Übermut zu handeln. Es ist nicht gut, auf einer Welle der falschen Begeisterung, die in Wirklichkeit nur inneren Verspannungen entspringt, zu gleiten und dadurch die gegenwärtige Situation noch zu verschlimmern.

Sechs auf zweitem Platz bedeutet:
Fest wie ein Stein. Kein ganzer Tag.
Beharrlichkeit bringt Heil.

Ein Mensch, der mit sich im inneren Einklang lebt, spürt, wenn sich die Stimmung und die Lage um ihn herum wandelt. So ein Mensch besinnt sich auf sich selbst und versucht nichts zu erzwingen. Er beugt sich auch niemandem, nur um Gefallen zu finden. Er bleibt wach, aufmerksam und flexibel und wartet nicht, bis das Unheil hereinbricht.

Sechs auf drittem Platz bedeutet:
Nach oben blickende Begeisterung schafft Reue.
Zögern bringt Reue.

Wenn man sich immer nur von anderen Menschen begeistern läßt, deshalb zu ihnen aufsieht und fortwährend etwas von ihnen will, schadet man sich mit der Zeit selbst. Sich zu lange auf die Inspirationskraft anderer Menschen zu verlassen und von ihnen zu erwarten, daß sie für alles die Verantwortung übernehmen, schwächt den eigenen Geist und die eigene Kreativität und bringt Reue.

Neun auf viertem Platz bedeutet:
Der Ursprung der Begeisterung.
Sie erreicht Großes.
Zweifle nicht!
Die Freunde scharen sich um dich
wie um eine Haarspange.

Ein Mensch, der die Kraft besitzt, andere wahrhaft zu begeistern und zu inspirieren, hat eine große Gabe mitbekommen. Seine Energie wirkt wie eine Haarspange, welche die Haare (die Menschen), zusammenhält. Sie wirkt wie ein Bindeglied, wie ein Medium zwischen gleichgesinnten Seelen, welche dieselbe Sprache sprechen. So ein Mensch kann anderen helfen, ihren eigenen inneren Kräften zu vertrauen und sich nicht unnötigen Zweifeln zu unterwerfen.

Sechs auf fünftem Platz bedeutet:
Beharrlich krank
und stirbt doch immer nicht.

Wahre Begeisterung ist Energie, ist Lebenskraft. Aber wenn diese Energie nicht aus der unendlichen inneren Quelle des eigenen Wesens fließt, sondern von egoistischen Wünschen und Begierden geformt und aufrechterhalten werden muß, kostet dies viel unnötige Kraft und wirkt seelisch ermüdend auf den Menschen. Hier geht es darum, die wahre Motivation der Begeisterung in sich selbst zu erkennen.

Oben eine Sechs bedeutet:
Verblendete Begeisterung.
Aber wenn man nach der Vollendung zur Änderung
kommt, so ist das kein Makel.

Manchmal wird die sogenannte Begeisterung für etwas ganz Bestimmtes, aus ganz egoistischen Gründen geschürt. Wenn man dies rechtzeitig in sich erkennt, kann man noch Abstand nehmen. Wenn man sieht, daß man in die eigene Falle läuft, kann man noch innehalten, selbst wenn der Fehler bereits begangen ist. Die Ernüchterung des Erwachens aus einem solchen Traum bedeutet die Befreiung.

隨

17. Sui / Die Nachfolge

䷐ *Oben Dui, das Heitere, der See*
Unten Dschen, das Erregende, der Donner

Dui, das Heitere, ist die jüngste Tochter, Dschen, die erregende Kraft, der älteste Sohn. Er beschützt sie, und sie folgt ihm nach. Diese Bewegung bringt Freude. Freude belebt und bewirkt von neuem die Bewegung. Die Kraft des Erregenden bewegt auf diese Weise die Menschen zur Freude. Ein Mensch, der sich von der Kraft seiner inneren Freude bewegen läßt und aus dieser Kraft heraus wirkt, handelt richtig.

DAS URTEIL

Die Nachfolge hat erhabenes Gelingen.
Fördernd ist Beharrlichkeit.
Kein Makel.

Es ist immer wichtig, zu wissen, warum man sich anpaßt und wem man nachfolgt. Man kann keinen anderen Menschen dazu zwingen, einem zu folgen. Wenn die Energie nicht stimmt und Widerstände auftreten, muß man Abstand halten. Sobald die Kraft wieder fließt, gibt es keine Behinderung bei der Nachfolge. Nur ein Mensch, der gelernt hat zu dienen und nachzufolgen, kann eines Tages auch herrschen.

DAS BILD

Inmitten des Sees ist der Donner:
das Bild der Nachfolge.
So kehrt die Edle zur Zeit des Abenddunkels
zur Erholung und Ruhe ein.

Hier wird deutlich darauf hingewiesen, daß es für jede Situation die rechte Stunde gibt. Wie eine Jahreszeit der anderen folgt, so haben auch die Menschen ihre sich wiederholenden Zyklen. Wie es Zeiten der Aktion gibt, so gibt es auch ganz natürliche Phasen der Ruhe und der Stille. Eine Frau, die auf diese Zyklen achtet, lebt gesund. Wenn diese Zyklen nicht erkannt und eingehalten werden, verliert der Mensch seine innere Balance und mit der Zeit auch seine Gesundheit.

DIE EINZELNEN LINIEN

Anfangs eine Neun bedeutet:
Das Maßgebende ändert sich.
Beharrlichkeit bringt Heil.
Zur Tür hinausgehen im Verkehr
schafft Werke.

Werte und Ansichten, Dogmen und Glaubenssysteme verändern sich mit der Zeit und der Wandlung des inneren Verständnisses und des Bewußtseins. Es ist gut, sich auch einmal mit Fremden zusammenzutun und sich auf neue Menschen offen einzulassen. Es ist sehr lehrreich, auch einmal durch die Augen fremder Personen, als nur der Menschen im engsten Freundeskreis zu blicken und zu erfahren, wie sie fühlen und denken.

Sechs auf zweitem Platz bedeutet:
Hängt man sich an den kleinen Knaben,
so verliert man den starken Mann.

Es ist gut sich bewußt zu bleiben, welchen Menschen man sich anschließt und sein Vertrauen schenkt. Menschenkenntnis erwacht nicht an einem Tag. Deshalb ist es jetzt von großem Vorteil, sich mit den Menschen zusammenzufinden, die einem auf geistiger Ebene wohlwollend gesinnt sind.

Sechs auf drittem Platz bedeutet:
Hängt man dem starken Mann an,
so verliert man den kleinen Knaben.
Durch Nachfolge findet man, was man sucht.
Fördernd ist es,
beharrlich zu bleiben.

Wenn man seinen höheren Inspirationen folgt und sich mit den Menschen verbindet, welche dieselbe Vision und denselben inneren Fokus haben, hat man keine Energie mehr für andersgesinnte Menschen, deren Vorhaben jetzt nur Verwirrung bringen. Es ist von Vorteil, diese Unterschiede klar zu erkennen, sich nicht beirren zu lassen und seiner höheren Einsicht zu gehorchen und zu folgen.

Neun auf viertem Platz bedeutet:
Die Nachfolge schafft Erfolg.
Beharrlichkeit bringt Unheil.
Mit Wahrhaftigkeit auf dem Weg wandeln bringt Klarheit.
Wie könnte das ein Makel sein?

Ein Mensch, der ehrlich ist und die eigene Wahrheit weder vor sich selbst noch vor anderen versteckt, kann seine Umwelt besser verstehen. Er erkennt deutlich, wenn man ihn durch falsche Schmeicheleien hinters Licht führen will. Der Weg aus einer solchen Situation führt durch das Vertrauen in die eigene innere Klarheit.

Neun auf fünftem Platz bedeutet:
Wahrhaft im Guten.
Heil!

Ein Mensch, der an das Gute in sich selbst und auch in anderen Menschen glaubt, wird auch das Gute im Leben finden. Ein Mensch, der innerlich schön ist, wird überall Schönheit sehen. Ein Mensch, der das Mysterium des Lebens in seinen Adern pulsieren fühlt, wird auch im äußeren Leben das Wirken der göttlichen Kräfte erkennen.

Oben eine Sechs bedeutet:
Er findet feste Anhänglichkeit
und wird noch dazu gebunden.
Der König stellt ihn dem Westberg vor.

Ein weiser Mensch, der sich bereits aus der mundanen Welt zurückgezogen hat, wird noch einmal zurückgerufen, um seinem Nachfolger zu helfen. Dieses Gleichnis stammt aus den Zeiten der Dschou-Dynastie, welche den Weisen des Landes einen Platz auf dem Westberg der Herrscherfamilie anbot. Damit wurde eine enge, schicksalhafte Verbindung geschaffen, die sich über Jahrhunderte auswirkte. Hier wird ein Mensch, der die Welt mit all ihren Verlockungen durchschaut und innerlich überwunden hat, gebeten, zurückzukehren, um seine innere Erkenntnis und sein Wissen mit anderen Menschen, die noch auf der Suche sind, zu teilen.

蠱

18. Gu / Die Arbeit am Verdorbenen

䷑ *Oben Gen, das Stillhalten, der Berg*
Unten Sun, das Sanfte, der Wind

Die Arbeit am Verdorbenen ergibt sich aus der Zusammenstellung dieser beiden Zeichen. Die passive Sanftmut von Sun trifft hier auf die Stille und Unbeweglichkeit des Berges. Dadurch stagniert die Kraft und kann nicht weiterfließen. Somit verderben die Dinge durch Trägheit und Stillstand. Um die Energien und die Kräfte wieder in Fluß zu bringen, muß bewußt mit ihnen gearbeitet werden.

DAS URTEIL

Die Arbeit am Verdorbenen hat erhabenes Gelingen.
Fördernd ist es, das große Wasser zu durchqueren.
Vor dem Anfangspunkt drei Tage,
nach dem Anfangspunkt drei Tage.

Man muß zunächst gut überlegen und verstehen, wie diese schwierige Lage, in der man sich im Augenblick befindet, entstanden ist, und dafür die entsprechende Verantwortung übernehmen. Das heißt ehrlich darauf antworten. Man darf vor dieser Arbeit, die auch versteckte Ängste mit sich bringen kann, jetzt nicht zurückschrecken. Es gilt, die Auswirkungen der eigenen unbewußten, inneren Trägheit zu erkennen und sich selbst die Erlaubnis zu geben, eine neue Dynamik zur Heilung der Situation zu entwickeln. Dann ist auch ein positiver Wandel der Lage sicher.

DAS BILD

Unten am Berg weht der Wind:
das Bild des Verderbens.
So rüttelt die Edle die Leute auf
und stärkt ihren Geist.

Der Wind rüttelt alles auf. Er stößt gegen den Berg und bringt die Dinge in Bewegung. Er bringt frische Energie mit sich, auch wenn diese Kraft zunächst chaotisch auf die Menschen wirkt. Auf dieselbe Weise rüttelt eine wache Frau sich selbst und auch andere Menschen aus düsteren Stimmungen und depressiven Neigungen auf. Ihre Kraft wirkt beruhigend auf die Menschen. Sie stärkt ihr Vertrauen und ihren Geist.

DIE EINZELNEN LINIEN

Anfangs eine Sechs bedeutet:
Zurechtbringen des vom Vater Verdorbenen
Wenn ein Sohn da ist,
bleibt auf dem heimgegangenen Vater kein Makel.
Gefahr. Schließlich Heil.

Das Festhalten an der Vergangenheit verdirbt die Gegenwart und die Zukunft. Wenn man sich dessen bewußt wird, beginnt man sich Stück für Stück von dieser gedanklichen Bürde zu lösen. Auch wenn man Angst hat, sich dadurch im Leben mit weniger identifizieren zu können, bringt dieser Schritt letztlich doch das größte Heil mit sich.

Neun auf zweitem Platz bedeutet:
Zurechtbringen des von der Mutter Verdorbenen.
Man darf nicht zu beharrlich sein.

Wenn etwas aus Schwäche oder Trägheit verdorben wurde, ist es jetzt nötig, diese Wunde auf sanfte Art heilen zu lassen. Es geht niemals mit Gewalt. Auch ein zu schnelles Vorgehen kann sich als hinderlich erweisen. Geduld ist der Schlüssel.

Neun auf drittem Platz bedeutet:
Zurechtbringen des vom Vater Verdorbenen.
Ein wenig wird es Reue geben.
Kein großer Makel.

Es ist möglich, daß man jetzt dazu neigt, übereilt zu handeln. Doch es ist in diesem Fall wichtiger, die Energien ganz spontan fließen zu lassen, als sie aus Angst weiter festzuhalten und damit weiter zu stagnieren. Auch wenn man eventuell durch das zu schnelle Handeln kleine Fehler begeht, entwickelt sich dennoch alles positiv.

Sechs auf viertem Platz bedeutet:
Dulden des vom Vater Verdorbenen.
Beim Fortmachen sieht man Beschämung.

Verletzungen, Beschämungen und Wunden, die aus der Vergangenheit stammen, dürfen jetzt nicht mehr einfach übergangen, unterdrückt und versteckt werden. Wenn sie keine Aufmerksamkeit erhalten und nicht heilen dürfen, entsteht Reue und Schande.

Sechs auf fünftem Platz bedeutet:
Zurechtbringen des vom Vater Verdorbenen.
Man findet Lob.

Wenn man nicht imstande, ist sich allein den Verletzungen und Wunden der Vergangenheit zu stellen, muß man die passende Hilfe suchen. Auch wenn die alten Wunden nicht sofort heilen und ihre Zeit brauchen, ist doch ein sehr positiver Anfang gemacht, der wirkliches Lob verdient.

Oben eine Neun bedeutet:
Dient nicht Königen und Fürsten.
Steckt sich höhere Ziele.

Nicht jeden Menschen interessieren die Verlockungen und die Geschäftigkeiten der Welt. Es gibt auch solche, die sich mit gutem Recht zurückziehen und sich lieber ihrem Inneren zuwenden, als ihre Energien im äußeren Leben mit unwichtigen Dingen zu vergeuden. Diese Menschen tragen auf ihre eigene stille Weise zum Gleichgewicht und zur inneren und äußeren Harmonie des Weltgeschehens bei.

臨

19. Lin / Die Annäherung

䷒ *Oben Kun, das Empfangende, die Erde*
Unten Dui, das Heitere, der See

Die Kraft des Heiteren steigt von unten auf und nähert sich der empfangenden Kraft der Erde. Die Kreativität und Produktivität der Erde nehmen dadurch zu. Es ist jedoch sehr wichtig, bei diesem Prozeß immer das rechte Maß zu berücksichtigen. Solange die Annäherung, das »Großwerden«, im rechten Tempo und mit weisem Überblick geschieht, begünstigt es das Wachstum auf allen Ebenen. Die beiden unteren starken, kreativen Yang-Linien wachsen dann maßvoll nach oben, in das Zeichen der empfangenden Erde hinein.

DAS URTEIL

Die Annäherung hat erhabenes Gelingen.
Fördernd ist Beharrlichkeit.
Kommt der achte Monat,
so gibt's Unheil.

Die Zeichen stehen im allgemeinen sehr günstig. Nur muß man sich davor hüten, die Gunst, die eine solche Phase mit sich bringt, ungenutzt zu lassen. Wie der Frühling die rechte Zeit ist, um die Samen zu säen, so ist der Sommer die rechte Zeit, um zu ernten. Nicht umgekehrt. Deshalb ist es von Vorteil, bestimmte Zeitqualitäten im Leben zu erkennen und zu beachten.

DAS BILD

Oberhalb des Sees ist die Erde:
das Bild der Annäherung.
So ist die Edle
in ihrer Absicht zu lernen unerschöpflich
und im Ertragen und Schützen des Volkes
ohne Grenzen.

Die Tiefe des Sees, der unterhalb der Erde liegt, gleicht der inneren Tiefe eines weisen Menschen. Eine weise Frau nähert sich anderen Menschen, ohne Unterscheidungen zu treffen. Sie beurteilt und verurteilt niemanden. Wie die Erde alle Geschöpfe vorurteilslos hervorbringt und am Leben erhält, so teilt auch ein edler Mensch seine Weisheit ohne Vorbehalte und Vorurteile mit anderen Menschen.

DIE EINZELNEN LINIEN

Anfangs eine Neun bedeutet:
Gemeinsame Annäherung.
Beharrlichkeit bringt Heil.

Wenn sich beide Parteien ehrlich, offen und auf positive Weise einander nähern, erwächst aus dieser Form der Annäherung etwas Positives und Gutes. Es gilt jedoch, bei einem derartigen Unternehmen den inneren Fokus auf einem positiven Ausgang der Situation zu halten und das Denken nicht unbeobachtet ins Negative abschweifen zu lassen.

Neun auf zweitem Platz bedeutet:
Gemeinsame Annäherung.
Heil!
Alles ist fördernd.

Das Zusammenkommen verläuft erfolgreich. Man begeht keine Fehler und muß sich deshalb auch keinerlei Sorgen bereiten. Man ist sich bewußt, daß es in jeder Situation im Leben Tiefpunkte und Höhepunkte geben muß und ist deshalb jetzt innerlich bereit, das Schicksal so anzunehmen, wie es kommt.

Sechs auf drittem Platz bedeutet:
Behagliche Annäherung.
Nichts, das fördernd wäre.
Erreicht man Trauer darüber,
so wird man ohne Makel.

Wenn man eine bedeutende und einflußreiche Stellung und die damit verbundene Macht in der Gesellschaft mißbraucht, verliert man das Vertrauen der Menschen. Solange man diesen Fehler noch rechtzeitig erkennt und sich ehrlich mit sich selbst und den anderen Menschen auseinandersetzt, kommt alles wieder ins Lot. Dazu ist es notwendig, seine Reue kundzutun und sich zu seinen Fehlern offen zu bekennen.

Sechs auf viertem Platz:
Vollkommene Annäherung.
Kein Makel.

Wenn sich ein bedeutender und durch seine Aufgaben höhergestellter Mensch vorurteilslos einem in der Gesellschaft niedriger stehenden Menschen zuwendet und mit ihm auf ebenbürtiger Basis verkehrt und zusammenkommt, wirkt sich dies für beide Personen jetzt zum größten Vorteil aus.

Sechs auf fünftem Platz:
Weise Annäherung.
Das ist recht für einen großen Fürsten.
Heil!

Hier ist ein Mensch angesprochen, der die innere Weisheit besitzt, die richtigen Mitarbeiter für wichtige Aufgaben und Positionen zu gewinnen. Er ist fähig, ihnen das Vertrauen entgegenzubringen, selbst die Verantwortung zu übernehmen und die Arbeiten eigenständig und ohne seine Einmischung zu erledigen.

Oben eine Sechs bedeutet:
Großherzige Annäherung.
Heil. Kein Makel.

Ein weiser Mensch, der die äußere Welt bereits hinter sich gelassen hat, wird noch einmal gebeten, anderen Menschen mit Rat und Tat hilfreich zur Seite zu stehen. Diese neue Aufgabe bringt nicht nur den Menschen, denen er sich bei dieser Arbeit zuwendet, sondern auch ihm selbst nur Gutes.

觀

20. Guan / Die Betrachtung (der Anblick)

䷓ *Oben Sun, das Sanfte, der Wind*
Unten Kun, das Empfangende, die Erde

Die Erde ruht unten und wird von der Sanftheit des Windes zur inneren Betrachtung angeregt. Um zu betrachten, muß man innerlich still sein. Innere Betrachtung ist Meditation. So wird man auch anderen Menschen zum Vorbild. Die chinesische Auslegung dieses Zeichens beinhaltet deshalb zweierlei Möglichkeiten. Zum einen ist hier die äußere und innere Betrachtung angesprochen, zum anderen die Möglichkeit, als eine Art Vorbild für andere Menschen gesehen zu werden.

DAS URTEIL

Die Betrachtung.
Die Waschung ist geschehen,
aber noch nicht die Darbringung.
Vertrauensvoll
blicken sie zu ihm auf.

Im alten China wurden vor den Opferzeremonien Waschungen vorgenommen und Augenblicke der Stille und inneren Andacht eingehalten. Erst dann wurden die Opfergaben dargebracht. Es geht hier um ein geistiges Innehalten, um ein bewußtes Abstandnehmen, bevor man sich zu einer Handlung entschließt. Durch diese innere Sammlung und damit auch gedankliche Reinigung wird der Geist wieder frisch und klar und kann die Dinge ohne eine vorgefaßte Meinung betrachten. Dann ist man bereit, richtig und damit korrekt zu handeln.

DAS BILD

Der Wind geht über die Erde hin:
das Bild der Betrachtung.
So besuchten die alten Könige die Weltgegenden,
betrachteten das Volk
und spendeten Belehrung.

Die Ideen eines einflußreichen Menschen verbreiten sich wie der Wind. Seine Kraft wird überall spürbar. Er begegnet den Menschen mit Würde und Weisheit. Seine Offenheit und Liebenswürdigkeit erlaubt keine Täuschungen. Solch ein Mensch sieht ganz klar, wen und welche Situation er vor sich hat, er gibt seinen Rat und spendet Hilfe, ohne etwas zu erwarten.

DIE EINZELNEN LINIEN

Anfangs eine Sechs bedeutet:
Knabenhaftes Betrachten.
Für einen geringen Menschen kein Makel.
Für einen Edlen beschämend.

Wenn man noch nicht reif genug ist und noch nicht genug Lebenserfahrung hat, um eine Sache vollkommen zu verstehen, so ist das keine Schande, denn man gewinnt dadurch an neuer Einsicht. Wenn man sich jedoch als dümmer verkauft, als man ist, und den eigenen Wert nicht erkennt oder nicht zeigen will, erleidet man letztlich nur selbst Schaden.

Sechs auf zweitem Platz bedeutet:
Betrachtung durch die Türspalte.
Fördernd
für die Beharrlichkeit einer Frau.

Eine eingeschränkte, beengte Sichtweise zeigt niemals das ganze Bild. Es ist, als sähe man nur durch ein Schlüsselloch und hätte dabei aber das Gefühl, das ganze Bild zu sehen. Als wüßte man auf diese Weise, wie das ganze Bild aussieht! Dies ist falsch, denn durch ein Schlüsselloch erkennt man immer nur Fragmente. Man kann sich daraufhin keine Meinung über das Ganze bilden. Dies mag einer Frau genügen, die den Dingen nicht wirklich auf den Grund gehen will und die volle Wahrheit einer Situation im Augenblick nicht sehen möchte.

Sechs auf drittem Platz bedeutet:
Betrachtung meines Lebens, entscheidet
über Fortschritt oder Rückzug.

Jetzt soll die Kraft der Aufmerksamkeit von der äußeren Welt zurückgenommen und auf einen selbst und das eigene Innere gerichtet werden. Dadurch wird man sich bewußt, welche Auswirkungen die eigenen Gedanken auf das Umfeld haben und welche Handlungen sie hervorrufen können. Durch dieses innere Bewußtwerden der auslösenden Faktoren kann man entscheiden, ob man in einer Sache wirklich vorangehen will oder nicht.

Sechs auf viertem Platz bedeutet:
Betrachtung des Lichtes des Reichs.
Fördernd ist es,
als Gast eines Königs zu wirken.

Es ist jetzt wichtig und von großem Vorteil, sich seiner eigenen Talente und Fähigkeiten und wahren Aufgaben im Leben bewußt zu werden. Es ist günstig, einen Platz zu finden, an dem man diese Fähigkeiten und besonderen Eigenschaften vielleicht sogar mit Hilfe anderer Menschen kreativ einbringen und ausleben kann.

Neun auf fünftem Platz bedeutet:
Betrachtung meines Lebens.
Die Edle ist ohne Makel.

Es ist aufschlußreich und sehr wichtig, zu erkennen, welche Wirkung das eigene Auftreten auf andere Menschen hat und wie sich das eigene Benehmen auf die Umwelt auswirkt. Nur wenn diese Betrachtung ehrlich und positiv ausfällt, fühlt sich eine weise Frau innerlich im reinen und in Harmonie mit sich selbst.

Oben eine Neun bedeutet:
Betrachtung ihres Lebens.
Die Edle ist ohne Makel.

Hier wird eine weise Frau beschrieben, die die Welt und ihr Getriebe mit Mitgefühl und Verständnis und innerem Abstand betrachtet. Solch ein Mensch erinnert und besinnt sich immer wieder im Leben auf das Höchste in sich selbst und bleibt seiner inneren Wahrheit und damit seinem göttlichen Wesen treu.

噬嗑

21. Schï Ho / Das Durchbeissen

䷔ *Oben Li, das Haftende, das Feuer*
Unten Dschen, das Erregende, der Donner

Die Kraft des Erregenden, die Kraft des Donners und der Blitze treibt das Feuer in die Höhe und entfacht es damit noch mehr. Selbst wenn es Hindernisse gibt, werden diese von der Kraft des Feuerelements verzehrt. Das Feuer beißt sich durch alles durch. Hindernisse werden in der Natur auf natürliche Art auch gewaltsam beseitigt. Dadurch entstehen zunächst Spannungen, die sich jedoch wieder auflösen. Das Zeichen hat als Bild im Chinesischen einen Mund, zwischen dessen Zähnen ein Hindernis ist und dessen Lippen sich aus diesem Grund nicht schließen können. Dies macht ein rigoroses »Durchbeißen« erforderlich.

DAS URTEIL

Das Durchbeißen hat Gelingen.
Fördernd ist es,
Gericht walten zu lassen.

Der Weg durch ein Hindernis gelingt jetzt nur durch zielgerichtetes, energisches »Durchbeißen« und Handeln. Man muß dies ganz bewußt tun und und keine Mühen scheuen, die Klärung einer wichtigen Angelegenheit durch konzentrierte Kraft zu erreichen.

DAS BILD

Donner und Blitz: das Bild des Durchbeißens.
So festigten die früheren Könige
die Gesetze
durch klarbestimmte Strafen.

Wenn in einer Sache Klarheit und guter Wille herrscht, sind Strafen nicht notwendig. Wenn jedoch Unwillen herrscht und die Hindernisse nicht bearbeitet, sondern die Barrieren noch absichtlich verstärkt werden, sind gewisse äußere Maßnahmen zur Regelung und zum Ausgleichen der Angelegenheit notwendig.

DIE EINZELNEN LINIEN

Anfangs eine Neun bedeutet:
Steckt mit den Füßen im Block,
daß die Zehen verschwinden.
Kein Makel.

Solange man seinen Fehler rechtzeitig erkennt, geht die Strafe milde aus. Doch wenn man hartnäckig bleibt und absichtlich auf einem selbstschädigenden Standpunkt beharrt, verändert sich die Lage und man verliert die Freiheit zu handeln.

Sechs auf zweitem Platz bedeutet:
Beißt durch weiches Fleisch,
daß die Nase verschwindet.
Kein Makel.

Wenn man nur auf weiches Fleisch, also auf wenig Widerstand stößt, ist es nicht schlimm. Sobald aber die Nase bzw. der innere geistige Spürsinn für die rechte Wahrnehmung einer Situation verlorengeht, verliert man den Überblick und beginnt Fehler zu begehen. Die darauf folgende Strafe ist in diesem Fall gerecht.

Sechs auf drittem Platz bedeutet:
Beißt auf altes Dörrfleisch und trifft auf Giftiges.
Kleine Beschämung.
Kein Makel.

Es geht in diesem Fall um eine Angelegenheit aus der Vergangenheit, die niemals geklärt wurde und deshalb jetzt immer noch viel Gift und bösen Widerwillen in sich trägt. Es gibt im Augenblick niemanden, der die Kraft und den Überblick besitzt, diese Sache zum Besten aller Beteiligten zu entwirren. Wenn dies trotzdem jemand versuchen würde, spräche man ihm die Autorität dazu ab, und die Schuldigen nähmen selbst eine gerechte Strafe nicht an.

Neun auf zweitem Platz bedeutet:
Beißt auf getrocknetes Knorpelfleisch,
Erhält Metallpfeile.
Fördernd ist es, der Schwierigkeiten eingedenk
und beharrlich zu sein.
Heil!

Hier geht es um eine sehr schwierige und verfahrene Situation, die viel Courage und guten Willen sowie ein eisenhartes, unermüdliches Durchgreifen erfordert, um geklärt zu werden. Nach sehr intensiven Bemühungen und großen Anstrengungen geht letztlich jedoch alles gut aus.

Sechs auf fünftem Platz bedeutet:
Beißt auf getrocknetes Muskelfleisch.
Erhält gelbes Gold.
Beharrlich der Gefahr bewußt.
Kein Makel.

Selbst wenn man die Kraft besitzt, in der eigenen Mitte zu bleiben, muß man sich noch beharrlich im äußeren Leben durchbeißen. Doch die Arbeit verläuft erfolgreich. Gelbes Gold symbolisiert die Mitte und die Treue zu einer Sache oder Aufgabe. Solange man sich der Gefahren bewußt ist, die aus der Verantwortung zu dieser Aufgabe entstehen, können sie auch gut überwunden werden.

Oben eine Neun bedeutet:
Steckt mit dem Hals im hölzernen Kragen,
daß die Ohren verschwinden.
Unheil!

Wenn keine der gutgemeinten Warnungen erhört und ernstgenommen wurde, steckt man jetzt fest wie in einem hölzernen Kragen und kann weder vorwärts noch zurück. Dann ist eine gerechte Bestrafung die letzte Möglichkeit, der einzige Weg zu einer inneren Umkehr.

賁

22. Bi / Die Anmut

䷕ *Oben Gen, das Stillhalten, der Berg*
Unten Li, das Haftende, das Feuer

Die bezaubernde Kraft und Schönheit des Feuers bricht aus der Erde hervor und erleuchtet die Stille des Berges. Wahre Anmut besitzt immer innere Schönheit. Wahre Anmut ist nötig, um die Kräfte in Schönheit zu vereinigen. Die Klarheit und Schönheit der inneren Anmut vereinigt sich in diesem Bild mit der tiefen Stille des in sich ruhenden Berges.

DAS URTEIL

Anmut hat Gelingen.
Im Kleinen ist es fördernd,
etwas zu unternehmen.

Anmut ist eine Gabe, die in vielen alltäglichen Situationen des Lebens den Weg ebnet und somit auch den Erfolg erleichtert. Es ist die sanfte Kraft der inneren Anmut, welche das Leben verschönert, ausgleicht und wieder in eine innere Balance bringt.

DAS BILD

Unten am Berg ist das Feuer:
das Bild der Anmut.
So verfährt die Edle bei der Klarstellung
der laufenden Angelegenheiten,
aber sie wagt es nicht,
danach Streitfragen zu entscheiden.

Eine Frau soll sich nicht nur auf ihre Anmut und Schönheit verlassen, um die Regelung wichtiger Angelegenheiten zu fördern. Die Klärung einer Sache kann durch diese Attribute allein nicht genügend beeinflußt und entschieden werden. Es ist zwar günstig, die Kraft der inneren Anmut im täglichen Leben zu spüren und auch auszuleben, aber es ist ungünstig, sich in großen und wichtigen Angelegenheiten nur auf die Schönheit und innere Anmut zu stützen.

DIE EINZELNEN LINIEN

Anfangs eine Neun bedeutet:
Macht ihre Zehen anmutig,
verläßt den Wagen und geht.

Eine Frau übernimmt Verantwortung für eine Situation und bemüht sich um eine Klärung, ohne sich von anderen Menschen dabei helfen zu lassen. Sie verläßt sich auf sich selbst und geht lieber zu Fuß, als sich unrechtmäßig auf die Kräfte anderer zu stützen. Sie will nicht nur Erleichterung für sich selbst schaffen, sondern die endgültige Lösung einer wichtigen Angelegenheit erreichen.

Sechs auf zweitem Platz bedeutet:
Macht seinen Kinnbart anmutig.

Ein Bart verdeckt teilweise das Gesicht. Wenn jemand versucht, seinen Bart anmutig erscheinen zu lassen, kann es sein, daß sich dieser Mensch in Wirklichkeit verstecken will, um dadurch anmutiger und sanfter zu erscheinen, als er wirklich ist. Eine Frau kann auf ähnliche Weise ihre unangenehmen Seiten hinter ihrer äußeren Schönheit verstecken wollen.

Neun auf drittem Platz bedeutet:
Anmutig und feucht.
Dauernde Beharrlichkeit bringt Heil.

Zu große Anmut und Schönheit können in gewissen Fällen betörend und einschläfernd auf den Geist wirken. Es geht jetzt darum, sich einer verlockenden Falle bewußt zu entziehen und nicht den Einflüssen der Träume und Illusionen zu erliegen und sich damit innerlich einschläfern zu lassen.

Sechs auf viertem Platz bedeutet:
Anmut oder Einfachheit?
Ein weißes Pferd kommt wie geflogen;
Nicht Räuber er ist,
will freien zur Frist.

Der Gedanke, zu einer inneren und äußeren Einfachheit zurückzukehren, taucht jetzt wiederholt auf. Er kommt wie ein weißes geflügeltes Pferd und macht auf eine notwendige innere Umkehr aufmerksam. Auch wenn man durch die Annahme der Einfachheit auf viel Bequemes im Leben verzichten müßte, so steht einem doch ein wahrer Freund und damit auch die richtige Form der Hilfe bei diesem schwierigen Unternehmen zur Seite.

Sechs auf fünftem Platz bedeutet:
Anmut in Hügel und Gärten.
Das Seidenbündel ist ärmlich und klein.
Beschämung,
doch schließlich Heil.

Man zieht sich bewußt aus dem Getriebe und der verführerischen Üppigkeit des äußeren Reichtums zurück und beginnt, ein einfacheres Leben zu leben. Dabei trifft man auf einen Menschen, der bereits alles hinter sich gelassen hat und der in dieser Einfachheit sehr glücklich ist. Solch einem Menschen möchte man sich anschließen. Selbst wenn man ihm im Äußeren dafür nicht viel zu bieten hat, braucht man sich nicht zu schämen. Die Gabe, die diese geistige Verbindung überhaupt ermöglicht, ist die eigene Offenheit und Bereitschaft des inneren Wesens, das Wahre im Leben zu erkennen.

Oben eine Neun bedeutet:
Schlichte Anmut. Kein Makel.

Die Anmut und Klarheit der Einfachheit wird jetzt als eine Form der höchsten Schönheit erkannt. Alle Verzierungen und Verschnörkelungen fallen dadurch fort. Was bleibt, ist die schlichte und einfache Klarheit wahrer innerer Schönheit. Das Bewußtsein wendet sich jetzt von allem Unnötigen ab und verharrt ohne Ablenkung in der inneren Stille des Herzens.

剝

23. Bo / Die Zersplitterung

䷖ *Oben Gen, das Stillhalten, der Berg*
Unten Kun, das Empfangende, die Erde

Die empfangende Kraft von Kun, der Erde, dringt stetig nach oben und bewegt sich unaufhaltsam durch den Berg hindurch. Ihre Kraft unterhöhlt jetzt den Berg von innen. Alle dunklen Yin-Linien steigen in diesem Zeichen nach oben und verdrängen auch noch die letzte lichte, helle Yang-Linie. Es ist wie mit einem Haus, dessen Fundament untergraben wird. Dadurch zersplittern die Kräfte, und das Haus bricht schließlich in sich zusammen.

DAS URTEIL

Die Zersplitterung.
Nicht fördernd ist es,
wohin zu gehen.

In dieser Situation ist es weise, sich den höheren Kräften des Lebens zu fügen. Es ist nicht ratsam, den Wandel, den diese Kräfte bewirken, verhindern zu wollen. Alles im Leben steigt auf und fällt zu seiner Zeit. Erfolg wie auch Mißerfolg wechseln sich ab. Es ist deshalb klug, sich still zu verhalten. Der falsche Ehrgeiz, die Dinge doch nach eigenem Willen gestalten zu wollen, wirkt sich in einer solchen Lage nur verletzend aus.

DAS BILD

Der Berg ruht auf der Erde:
das Bild der Zersplitterung.
So können die Oberen
nur durch reiches Spenden an die Unteren
ihre Stellung sichern.

Die Erde trägt den Berg. So trägt auch das breite Volk die höhergestellten, herrschenden Kräfte und Mächte in der Gesellschaft. Wenn diese Mächte wahrhaft großzügig sind und den Menschen gegenüber auch großherzig handeln, werden sie vom Volk auch weiterhin unterstützt. Wenn sie jedoch engstirnig und geizig handeln, werden sie vom Volk und auch von der Erdkraft selbst gestürzt werden. Nur die wirkliche Großzügigkeit der Machtvollen kann diese Form der Unterstützung aufrechterhalten.

DIE EINZELNEN LINIEN

Anfangs eine Sechs bedeutet;
Das Bett wird zersplittert am Bein.
Die Beharrlichen werden vernichtet.
Unheil.

Durch Verleumdung und Hinterhältigkeit können jetzt selbst die treuesten der treuen Menschen verletzt werden. Es ist eine schwierige Zeit zu überstehen, da die Möglichkeit des Unglücks durch Lügen und Habgier gegeben ist. Ein möglicher Ausweg aus dieser Lage besteht darin, bewußt abzuwarten und sich nicht an den bösen Machenschaften zu beteiligen.

Sechs auf zweitem Platz bedeutet:
Das Bett wird zersplittert am Rand.
Die Beharrlichen werden vernichtet.
Unheil.

Wenn man sich weiter mit undurchsichtigen Menschen und deren Geschäften abgibt, kommt man bald selbst in Gefahr. Vorsicht ist geboten. Es ist nötig, Abstand zu halten, sich nicht weiter einzumischen und vollkommene innere Ruhe zu bewahren. Nur so kommt man in diesem Fall unverletzt davon.

Sechs auf drittem Platz bedeutet:
Sie zersplittert sich mit ihnen.
Kein Makel.

Eine Frau befindet sich in einer äußerlich schlechten Situation. Durch ihre innere Verbindung mit einem positiv eingestellten Menschen findet sie jedoch die richtige Unterstützung und ist so in der Lage, sich trotz der schwierigen Umstände innerlich treu zu bleiben. Obwohl sie im Alltag mit Menschen verbunden ist, die ihrem Innersten nicht zuträglich sind und ihr sogar schaden könnten, kann sie durch diese Form der Hilfe ihren Weg aus der Bedrängnis finden.

Sechs auf viertem Platz bedeutet:
Das Bett wird zersplittert bis zur Haut.
Unheil.

Alle Warnungen waren vergeblich. Nun kann man das Leiden nicht mehr abwenden und muß durch den Schmerz hindurchgehen. Wenn man jedoch durch diese Lektion lernt, braucht man sie nicht zu wiederholen.

Sechs auf fünftem Platz bedeutet:
Ein Zug Fische.
Durch die Palastdamen kommt Gunst.
Alles ist förderlich.

Wenn sich unbewußte Energien und Neigungen jetzt bewußteren und damit wacheren Kräften fügen können, wirkt sich dieser Umstand für alle Beteiligten zum größten Vorteil aus. Wenn sich eine Frau der spirituellen Suche und damit der Lehre der inneren oder auch äußeren Meisterin hingeben kann, ist dies ein großes Geschenk für alle.

Oben eine Neun bedeutet:
Eine große Furcht ist noch unvergessen da.
Die Edle erhält einen Wagen.
Dem Gemeinen zersplittert das Haus.

Das Bewußte und Gute im Menschen nährt und steigert die Lebenskraft und erhält sich damit selbst. Das Unbewußte und Ungute im Menschen untergräbt sich, zerstört dabei die Lebenskraft und vernichtet sich damit selbst. Alles Böse verneint sich im Grunde auch selbst und führt so, oft ohne dessen gewahr zu sein, das eigene Ende herbei. Deshalb achtet eine kluge Frau auf sich und den positiven Ausdruck ihrer Lebensenergie, ohne das Ungute direkt zu bekämpfen.

復

24. Fu / Die Wiederkehr (die Wendezeit)

䷗ *Oben Kun, das Empfangende, die Erde*
Unten Dschen, das Erregende, der Donner

Die Wandlung hat begonnen. Das Zeichen deutet auf die Wiederkehr des Lichts hin. Die Zeit des Dunklen ist vorüber. Hier steigt ein lichter, ungebrochener Strich von unten auf und verändert damit langsam die gesamte Situation. Die Erregung und

Veränderung bringende Kraft von Dschen durchdringt das Dunkel der Erde und bewirkt dadurch ihre Transformation.

DAS URTEIL

Die Wiederkehr, Gelingen.
Ausgang und Eingang ohne Fehl.
Freunde kommen ohne Makel.
Hin und her geht der Weg.
Am siebten Tag kommt die Wiederkehr.
Fördernd ist es, zu haben (zu wissen),
wohin man geht.

Die Stunde der Wandlung ist gekommen. Das Licht gewinnt jetzt wieder an Kraft. Doch es gibt dabei keinen Kampf mit den dunklen Kräften. Es geht hier um einen natürlichen Zyklus des Miteinanderwirkens beider Kräfte. Das Zeichen entspricht der Sonnenwende. Gerade die große Hingebungskraft der Erde macht die Veränderungen möglich. Alles geschieht in Harmonie und zu seiner Zeit.

DAS BILD

Der Donner inmitten der Erde:
das Bild der Wendezeit.
So schlossen die alten Könige
zur Sonnwendzeit die Pässe.
Händler und Fremdlinge wanderten nicht,
und der Herrscher bereiste die Gegenden.

Die aufsteigende, lichte Kraft wird durch innere und äußere Ruhe gefördert. Sie darf nicht durch innere Überaktion oder äußere Hektik frühzeitig geschwächt werden. Die Pässe wurden geschlossen, um den Menschen in dieser Zeit der Wiederkehr die nötige Innenschau und Einsicht in Stille zu ermöglichen. Wenn man jetzt etwas unternehmen will, muß man sich in aller Ruhe auf sein Vorhaben konzentrieren und die Kraft nicht durch Seitensprünge vergeuden.

Anfangs eine Neun bedeutet:
Wiederkehr aus geringer Entfernung.
Es bedarf keiner Reue.
Großes Heil!

Kein Lebensweg verläuft ganz gerade. Jeder Mensch geht einmal fehl. Man muß sich nicht dafür schämen, einmal nicht bewußt genug gehandelt zu haben. Wenn man einen Fehler begangen oder jemanden verletzt hat und sich dessen noch rechtzeitig bewußt wird, kann man sich entschuldigen und damit den Fehler beheben. Diese Einsicht bringt Gutes.

Sechs auf zweitem Platz bedeutet:
Ruhige Wiederkehr.
Heil!

Indem man seinen eigenen inneren Stolz durchschaut und als solchen erkennt, kann man beginnen, davon Abstand zu nehmen. Es ist leichter, innerlich umzukehren und von stolzem Gehabe abzulassen, wenn man sich in verständnisvoller und liebevoller Gesellschaft befindet. Deshalb ist es jetzt besonders hilfreich, sich nach positiv gesinnten Menschen zu orientieren.

Sechs auf drittem Platz bedeutet:
Mehrfache Wiederkehr.
Gefahr. Kein Makel.

Wenn man sich trotz bester Vorhaben und besseren Wissens immer wieder zu unguten Dingen und Handlungen verführen läßt, liegt darin eine Gefahr. Sie besteht darin, daß man zu leichtsinnig wird und nicht mehr erkennt, wann man zu weit geht. Noch ist jedoch die Umkehr möglich.

Sechs auf viertem Platz bedeutet:
In der Mitte der anderen wandelnd
kehrt man allein wieder.

Sobald man erkannt hat, daß man sich in falscher Gesellschaft befindet, kann man sich aus solchen Verbindungen zurückziehen. Diese Einsicht trägt ihre eigene Belohnung bereits in sich. Das Erkennen, daß man nicht am rechten Platz ist und nicht mit den richtigen Menschen verkehrt, macht eine Umkehr möglich.

Sechs auf fünftem Platz bedeutet:
Großzügige Wiederkehr.
Keine Reue.

Man braucht für sich selbst keine Ausreden zu finden, um umzukehren und sich von einer Sache oder Situation abzuwenden. Es ist sehr ratsam, sich die Fehler einzugestehen und eine Kehrtwendung zu machen. Sobald man die Notwendigkeit einer solchen Handlung erkennt, darf man keine Zeit verlieren. So bereut man später nichts.

Oben eine Sechs bedeutet:
Verfehlung der Wiederkehr.
Unheil.
Unglück von außen und innen.
Wenn man so Heere marschieren läßt,
wird man schließlich eine große Niederlage erleiden,
so daß es für den Landesherrn unheilvoll ist.
Zehn Jahre lang ist man nicht mehr imstande
anzugreifen.

Wenn ein Mensch den richtigen Zeitpunkt der inneren oder äußeren Umkehr nicht wahrhaben will und ihn deshalb verpaßt, wird er unter seiner falschen Einstellung zu leiden haben. Wenn er sich nicht rechtzeitig auf das Gute in sich besinnt, entsteht Schmerz. Der Mensch schafft sein Unglück fast immer selbst. Nur durch bewußtes Annehmen der eigenen Lebenssituation kann letztendlich die erhoffte Erleichterung eintreten.

无妄

25. Wu Wang / Die Unschuld (Das Unerwartete)

☰ *Oben Kiën, das Schöpferische, der Himmel*
☳ *Unten Dschen, das Erregende, der Donner*

Solange die Bewegung von Dschen, dem erregenden Element, den Kräften und Anweisungen des Himmels folgt, manifestiert sich diese Kraft in Unschuld und ohne Hindernisse. Innere Unschuld ist unbesiegbar, da sie die Kräfte des Himmels in sich trägt und nicht von weltlichen Hintergedanken beinträchtigt werden kann. Die Kraft der natürlichen Unschuld des Herzens ist im Leben jedes Menschen ein sichtbarer Ausdruck der göttlichen Gnade.

DAS URTEIL

Die Unschuld. Erhabenes Gelingen.
Fördernd ist Beharrlichkeit.
Wenn jemand nicht recht ist,
so hat er Unglück,
und nicht fördernd ist es,
irgend etwas zu unternehmen.

Ein Mensch, der innerlich bei sich bleibt und aus der Reinheit und Unschuld seines Herzens handelt, kann nicht fehlgehen. Doch wenn diese naturgegebene innere Unschuld von egoistischen Motiven beinflußt und damit beeinträchtigt wird, entsteht daraus nichts Gutes. Es geht jetzt darum, sich an den wahren inneren Weg zu erinnern und ihm trotz aller äußeren Widerstände vertrauensvoll zu folgen.

DAS BILD

Unter dem Himmel geht der Donner:
Alle Dinge erlangen den Naturzustand der Unschuld.
So pflegten und nährten die alten Könige,
reich an Tugenden und entsprechend der Zeit,
alle Wesen.

Sich dem natürlichen Kreislauf der Energien des Lebens anzuvertrauen, zeigt einen Zustand innerer Unschuld. Die natürliche Kraft der Unschuld in sich selbst und auch in den anderen Geschöpfen wiederzuentdecken, ist ein Gottesgeschenk. Einflußreiche Menschen tun jetzt gut daran, sich dieser ewig wirkenden Kräfte bewußt zu werden und auf ihr inneres Wesen zu hören. Damit erlangen sie die Kraft, auch für andere Menschen Gutes zu tun.

DIE EINZELNEN LINIEN

Anfangs eine Neun bedeutet:
Unschuldiger Wandel
bringt Heil!

Ein Mensch, der innerlich eins ist, der nicht von widersprüchlichen Wünschen und Ideen hin- und hergerissen wird, lebt in engem Kontakt mit seinem Herzen und damit auch der Quelle seiner inneren Weisheit und Unschuld. Ein solcher Zustand ist immer ein geistiger Segen und kann daher nur Gutes im Leben bringen.

Sechs auf zweitem Platz bedeutet:
Wenn man beim Pflügen
nicht ans Ernten denkt
und beim Roden
nicht an das Benutzen des Feldes:
dann ist es fördernd
etwas zu unternehmen.

Wenn man bei seiner Arbeit ganz in der Gegenwart bleibt und nicht an gestern oder morgen denkt, sondern das genießt, was man im Moment tut, ist man auf dem richtigen Weg. Dann bringt jeder Augenblick neue Freude und Erfüllung. So vergeudet man keinen Gedanken an das Endresultat oder das endgültige Ziel. Dadurch verwandelt sich jede Aufgabe im Leben in ein segenbringendes Erlebnis.

Sechs auf drittem Platz bedeutet:
Unverschuldetes Unglück;
Die Kuh, die von jemandem angebunden war,
ist des Wanderers Gewinn,
des Bürgers Verlust.

Unverschuldetes Unglück kann eintreten, wenn man nicht auf die Zeichen und Vorwarnungen des Lebens hört. In einem solchen Fall wird der Verlust eines anderen Menschen Gewinn. Es ist trotzdem besser, in Unschuld zu verharren und dabei manchmal auch etwas zu verlieren, als sich der Gier zu verschreiben und vor lauter Angst alles im Leben ängstlich festhalten zu wollen.

Neun auf viertem Platz bedeutet:
Wer vermag beharrlich zu sein,
bleibt ohne Makel.

Was immer im Leben zu einem Menschen kommt und ihm gegeben wird, gehört zu ihm. Er kann es niemals verlieren. Wer innerlich bei sich selbst und damit in der eigenen Mitte bleibt, verliert niemals etwas. Sobald ein Mensch ein derart wundervolles Vertrauen in sein Leben und in sein eigenes Wesen entwickelt hat, beschenkt ihn das Leben mit der Kraft des inneren Friedens und der Harmonie.

Neun auf fünftem Platz bedeutet:
Bei unverschuldeter Krankheit
gebrauche keine Arznei.
Es wird schon von selber gut werden.

Hier deutet sich möglicherweise ein Unheil an. Es geht um eine Situation oder Wandlung einer Lage, mit der man eigentlich direkt nichts zu tun hat. Deshalb ist es ratsam, ruhig abzuwarten.

Die Situation wird sich von selbst wandeln und klären. Dafür wird das Leben Sorge tragen.

Oben eine Neun bedeutet:
Unschuldiges Handeln bringt Unglück.
Nichts ist fördernd.

Selbst wenn man keine Hintergedanken hegt und sich im Recht fühlt und deshalb versucht, gegen den Lauf des Schicksals zu wirken, so erweist sich eine Zeit des Abwartens doch von weitaus größerem Vorteil. Auch wenn man sich innerlich ganz klar und damit unschuldig fühlt, darf man jetzt nicht unbedacht handeln und nicht voreilig in Aktion treten.

大畜

26. Da Tschu / Des Grossen Zähmungskraft

☶ *Oben Gen, das Stillhalten, der Berg*
☰ *Unten Kiën, das Schöpferische, der Himmel*

Die große Schöpferkraft des Himmels wird in diesem Zeichen von der Stille des Berges beim Emporsteigen gebremst und damit zum Innehalten bewogen. Diese »Zähmung« der schöpferischen Energie ist jedoch von Vorteil. Durch das Stillhalten kann sich die Kraft konzentrieren und ihre Kreativität verdoppeln. Innezuhalten, wenn Kräfte gesammelt und bezähmt werden müssen, ist eine große Kunst und bezeugt tiefes Verständnis und überlegene Weisheit.

DAS URTEIL

Des Großen Zähmungskraft.
Fördernd ist Beharrlichkeit.
Nicht zu Hause essen bringt Heil.
Fördernd ist es,
das große Wasser zu durchqueren.

Es ist jetzt von Vorteil, seine Kräfte weise und vor allem auch mit Geduld einzusetzen. Eine innerlich reife Person erlangt auf diese Art mehr Verantwortung im äußeren Leben. Sie wird dadurch befähigt, selbst gefahrvollen Situationen mit mehr Integrität und Stärke zu begegnen.

DAS BILD

Der Himmel inmitten des Berges:
das Bild von des Großen Zähmungskraft.
So lernt die Edle viele Worte der Vorzeit
und Taten der Vergangenheit kennen,
um dadurch
ihren Charakter zu festigen.

Für eine weise Frau ist es jetzt hilfreich, durch inspirierende Vorbilder aus der Vergangenheit zu lernen und sich meditativ und in aller Ruhe auf sie einzustimmen. Diese geistigen Vorbilder ermöglichen es ihr, sich selbst besser kennenzulernen und zu verstehen und dadurch auch den eigenen Lebensweg leichter zu finden. Durch ihr wachsendes inneres Verständnis den Menschen und dem Leben gegenüber eröffnet sich einer solchen Frau eine vollkommen neue Welt der Wahrnehmung und des Bewußtseins.

DIE EINZELNEN LINIEN

Anfangs eine Neun bedeutet:
Es ist Gefahr da.
Fördernd ist es abzustehen.

Abwarten ist angezeigt. Es muß sich zuerst eine neue Öffnung für den Weiterfluß der Energien ergeben, bevor etwas in die Tat umgesetzt werden kann. Es ist jetzt nicht förderlich, etwas zu erzwingen. Ein solch unbedachtes Vorhaben würde jetzt unweigerlich ins Unglück führen.

Neun auf zweitem Platz bedeutet:
Dem Wagen werden die Achsenlager
abgenommen.

Die Kraft muß sich zuerst sammeln, bevor sie sich weiterbewegen kann. Geduldiges Abwarten ist auch hier von größtem Vorteil und unbedingt zu beachten. Es ist von jeder Art von Energieverschwendung jetzt abzuraten.

Neun auf drittem Platz bedeutet:
Ein gutes Pferd, das anderen folgt.
Fördernd ist Bewußtsein der Gefahr und Beharrlichkeit.
Täglich übe dich im Wagenfahren und im Waffenschutz.
Fördernd ist es, zu haben (zu wissen),
wohin man geht.

Die Energie ist nicht mehr blockiert. Man begibt sich nun auf den Weg. Doch es ist ratsam, immer noch einen möglichen Rückschritt im Auge zu behalten. Man kann zwar vorangehen, aber man muß dies jetzt sehr bewußt tun. Klarheit über das Ziel ist für den nächsten Schritt unbedingt erforderlich.

Sechs auf viertem Platz bedeutet:
Das Schutzbrett eines jungen Stieres.
Großes Heil!

Es ist notwendig, in einer bestimmten Situation rechtzeitig Vorsorge zu treffen und auch eine gewisse Vorsicht zu zeigen. Die Kraft muß jetzt bewußt gezähmt werden, bevor sie zu stark und damit zu unberechenbar wird. Dies bringt Heil und damit auch den gewünschten Erfolg.

Sechs auf fünftem Platz bedeutet:
Eines verschnittenen Ebers Zahn.
Heil!

Die Unberechenbarkeit einer Situation oder eines Menschen kann jetzt nur durch Klugheit besänftigt und damit entschärft werden. Diese Art der Unberechenbarkeit darf man in dieser Situation nicht direkt bekämpfen. Man muß sie sanft an der Wurzel fassen und so am unbewußten Vorwärtsdrängen hindern. Dadurch verändert sich die Situation zum Guten.

Oben eine Neun bedeutet:
Man erlangt den Himmelsweg.
Gelingen.

Die Kraft fließt wieder frei und ungehindert. Sie bahnt sich ohne Mühen ihren Weg und führt zu großem Glück und Heil. Wenn man jetzt vollkommen frei und voller Vertrauen mit der eigenen Lebenskraft in sich schwingt, ergibt sich der nächste Schritt im Leben ganz von selbst.

頤

27. I / Die Mundwinkel (die Ernährung)

䷚ *Oben Gen, das Stillhalten, der Berg*
Unten Dschen, das Erregende, der Donner

Dieses Zeichen symbolisiert deutlich einen offenen Mund. Die obere und die untere Linie sind geschlossen. Die vier Linien in der Mitte sind geöffnet. Es geht um eine Form der Ernährung, die alle Ebenen des Daseins betrifft. Der untere Teil des Mundes, die ersten drei Striche, steht für die physische Ernährung, der obere Teil des Mundes für die geistig-spirituelle Nahrung im Leben des Menschen.

DAS URTEIL

Die Mundwinkel,
Beharrlichkeit bringt Heil.
Sieh auf die Ernährung und womit einer selbst sucht,
seinen Mund zu füllen.

Wenn man einen anderen Menschen kennenlernen will, ist es wichtig zu erkennen, worauf dieser Mensch bei sich selbst achtet. Es ist wichtig zu sehen, wie er sich selbst behandelt und womit er sich auf physischer wie auch auf geistig-seelischer Ebene ernährt. Die geistige und seelische Nahrung, die ein Mensch in Form von Gedanken, Impulsen und Gefühlen in sich aufnimmt, ist ebenso wichtig wie die Nahrung für seinen

Körper. Die Nahrung der Seele ist Liebe. Die Nahrung des Geistes ist Inspiration. Die Nahrung des Körpers sind reine Nahrungsmittel.

DAS BILD

Unten am Berg ist der Donner: das Bild der Ernährung.
So hat die Edle acht auf ihre Worte
und ist mäßig
im Essen und Trinken.

Eine weise Frau lebt und handelt maßvoll. Auch Worte sind Nahrung für andere Menschen und können anderen wohltun, aber sie können sie ebenso verletzen. Eine kluge Frau achtet deshalb sehr darauf, wie sie mit anderen Menschen spricht, was sie zu sich nimmt und welchen Einflüssen sie ihr System aussetzt. Sie achtet darauf, welche Schwingungen sie in Form von Nahrung in sich aufnimmt und wieder aussendet.

DIE EINZELNEN LINIEN

Anfangs eine Neun bedeutet:
Du läßt deine Zauberschildkröte fahren
und blickst nach mir
mit herunterhängenden Mundwinkeln.
Unheil!

Die Zauberschildkröte ist das Symbol eines magischen Wesens, welches ohne physische Nahrung auskommt. Das heißt, sie symbolisiert einen Teil des Menschen, der ohne grobstoffliche Nahrung auskommt und sich allein durch die geistige Ebene nährt. Wenn man diesen wichtigen Teil des eigenen Wesens vergißt, mit Gier auf die Besitztümer anderer Menschen schaut und auf ihre materiellen Güter eifersüchtig ist, bringt dieses geistige Unverständnis nur Unheil für das eigene Leben.

Sechs auf zweitem Platz bedeutet:
Nach dem Gipfel sich wenden um Ernährung.
Vom Wege abweichen,
um von dem Hügel Ernährung zu suchen:
Wenn man so fortmacht,
bringt es Unheil.

Sobald man sich der Schwäche hingibt und sich nicht selbst ernähren und für sich selbst sorgen will, erzeugt dieses Verhalten Unzufriedenheit und Unglück. Wenn man fortwährend zu bessergestellten Menschen aufblickt und immer wieder deren Hilfe sucht, schwächt man dadurch das eigene Selbstwertgefühl und Selbstvertrauen.

Sechs auf drittem Platz bedeutet:
Abweichen von der Ernährung.
Beharrlichkeit bringt Unheil.
Zehn Jahre handle nicht danach.
Nichts ist fördernd.

Ein Mensch, der sich nur der Illusion der Sinne hingibt, findet darin keine echte Seelennahrung. Ein Mensch, der im Schein das wahre Sein sucht, findet keine echte Nahrung und läuft in die Irre. Man muß darauf achten, daß solche falschen Ansätze im Leben nicht zur Gewohnheit werden.

Sechs auf viertem Platz bedeutet:
Nach dem Gipfel sich wenden um Ernährung bringt Heil.
Mit scharfen Augen wie ein Tiger umherspähen
in unersättlichem Begehren.
Kein Makel.

Eine Mensch, der das Gute für die Allgemeinheit anstrebt und anderen Menschen wirklich helfen will, darf ruhig wie ein unersättlicher Tiger umherspähen, denn er hat die Kraft des Guten an seiner Seite. Da es einem solchen Menschen nicht um egoistische Ziele geht, erhält er von allen Seiten Hilfe.

Sechs auf fünftem Platz bedeutet:
Abweichen vom Weg.
Bleiben in Beharrlichkeit bringt Heil.
Man soll nicht
das große Wasser durchqueren.

Wenn man seinen Weg im Leben nicht mehr allein findet, darf man die Hilfe eines anderen Menschen annehmen. Man braucht nicht zu stolz zu sein, um diese Hilfe anzunehmen. Es ist jetzt nicht die rechte Zeit, um gefahrvolle Situationen allein zu meistern.

Oben eine Neun bedeutet:
Die Quelle der Ernährung.
Bewußtsein der Gefahr bringt Heil.
Fördernd ist es,
das große Wasser zu durchqueren.

Es geht hier um einen Menschen, der seine innere Balance gewonnen und dadurch gelernt hat, sich selbst auf allen Ebenen des Daseins richtig und maßvoll zu nähren und damit sich selbst und auch anderen Gutes zu tun. Ein solcher Mensch bleibt sich der Gefahren bewußt und ist deshalb auch fähig, das große Wasser zu durchqueren. Das bedeutet, er ist befähigt und hat die innere Kraft, die Gefahren des Lebens selbst zu meistern.

大過

28. Da Go / Des Grossen Übergewicht

䷛ *Oben Dui, das Heitere, der See*
Unten Sun, das Sanfte, der Wind, das Holz

Das Bild zeigt ein Übergewicht an starken Strichen, an ungebrochener Yang-Energie im Inneren, die von zwei schwachen, gebrochenen Linien zusammengehalten wird. Diese Konzentration der starken Linien ergibt ein inneres Übergewicht. Das Zeichen symbolisiert einen Balken, der innen zwar stark ist, aber an seinen beiden Enden schwach. Dies deutet auf einen Zustand hin, der auf die Dauer nicht haltbar ist.

DAS URTEIL

Des Großen Übergewicht.
Der Firstbalken biegt sich durch.
Fördernd ist es, zu haben (zu wissen),
wohin man gehe.
Gelingen.

Das Große und Starke ist zwar im Übergewicht, aber die Kräfte, die es stützen, sind nicht stark genug, um es lange aufrechtzuerhalten. Es gilt jetzt, eine schwierige Zeit zu meistern. Daß heißt, man muß sehr flexibel bleiben. Deshalb ist es gut, überlegt und vorsichtig vorzugehen. Jede Form der Übereile wäre ein Fehler sowie jede Form von Exzeß.

DAS BILD

Der See geht über die Bäume weg:
das Bild des Übergewichts des Großen.
So ist die Edle,
wenn sie allein steht, unbesorgt,
und wenn sie auf die Welt verzichten muß,
unverzagt.

Das große Übergewicht im Inneren erzeugt eine Art von Überschwemmung im Äußeren. Doch eine weise Frau läßt sich auch davon nicht von ihrem Weg abbringen. Selbst wenn sie allein ist und durch das Wegschwemmen der Kraft auf vieles in ihrem Leben verzichten muß, bleibt sie doch in ihrem Innersten heiter und unbesorgt. Sie weiß, daß sich die Lage wieder zu ihren Gunsten verändern wird.

DIE EINZELNEN LINIEN

Anfangs eine Sechs bedeutet:
Unterlegen mit weißem Schilfgras.
Kein Makel.

Wenn man etwas Neues im Leben beginnen will, muß man mit größter Sorgfalt ans Werk gehen. Man muß dabei von Anfang an sehr bewußt und klar handeln. Vorsicht ist jetzt eine wichtige Grundlage für jedes gute Gelingen.

Neun auf zweitem Platz bedeutet:
Ein trockener Pappelbaum
treibt einen Wurzelsproß.
Ein älterer Mann bekommt eine junge Frau
(oder umgekehrt).
Alles ist fördernd.

Es geht hier um eine Befruchtung und Erneuerung der Kräfte. Der Wachstumsprozeß wird durch eine junge, starke Kraft wiederbelebt. Deshalb kommt es durch das ungewöhnliche Zusammentreffen dieser beiden unterschiedlichen Energien zu einer neuen Blüte.

Neun auf drittem Platz bedeutet:
Der Firstbalken biegt sich durch.
Unheil.

Wenn man seine Kräfte nicht richtig zu nutzen und im rechten Moment nicht zu beherrschen weiß, führt dies zu Unheil. Sinnloses Vorwärtsdrängen verstärkt nur den inneren und äußeren Druck und führt zum Zusammenbruch der Kommunikation.

Neun auf viertem Platz bedeutet:
Der Firstbalken wird gestützt.
Heil!
Sind Hintergedanken da,
ist es beschämend.

Die Energie stabilisiert sich, und es kommt Hilfe. Doch man muß auch darauf achten, daß diese Hilfe allen Beteiligten zugute kommt und nicht nur ein Mensch darin seinen Vorteil sieht und dann versucht, die Macht an sich zu reißen.

Neun auf fünftem Platz bedeutet:
Eine dürre Pappel treibt Blüten.
Ein älteres Weib bekommt einen Mann.
Kein Makel. Kein Lob.

Selbst wenn nach außen hin alles in Ordnung zu sein scheint, so sind doch die Kräfte, die hier zusammengeführt werden, nicht wahrhaft in Einigkeit verbunden. Die innere Kraft kann sich auf diese Weise nicht wirklich erneuern, auch wenn dies die eigentliche Absicht war.

Oben eine Sechs bedeutet:
Man muß durchs Wasser.
Es geht über den Scheitel.
Unheil. Kein Makel.

Man muß sich um des Guten willen in eine Gefahr begeben, die einen fast verschlingt. Doch es ist immer noch besser, dem Guten zu dienen und der Gefahr mutig ins Auge zu blicken, als sich aus Feigheit aus einer Situation, die Stellungnahme verlangt, herauszuhalten und auf eine falsche Sicherheit zu hoffen.

坎

29. Kan / Das Abgründige, das Wasser

䷜ *Oben Kan, das Abgründige, das Wasser*
Unten Kan, das Abgründige, das Wasser

Das Doppelzeichen von Kan, des Abgründigen, des Wassers, ist in dieser Kombination verstärkt wirksam. Das Abgründige, das Undurchsichtige, das Geheimnisvolle und auch die Gefahr, haben sich hier in ihrer Ausdruckskraft verdoppelt. Auch das Mysterium des menschlichen Daseins, die Seele und die menschliche Psyche, sind in diesem Doppelzeichen mit angesprochen und einbezogen.

DAS URTEIL

Das wiederholte Abgründige.
Wenn du wahrhaftig bist,
so hast du im Herzen Gelingen,
und was du tust, hat Erfolg.

Jede Art der Verschleierungstechnik, der Unehrlichkeit oder des bewußten Verdrehens der Wahrheit wird nun entlarvt. Nur absolute Ehrlichkeit mit sich selbst und den eigenen Lebensumständen führt jetzt zum erwünschten Erfolg.

DAS BILD

Das Wasser fließt ununterbrochen und kommt ans Ziel:
das Bild des wiederholten Abgründigen.
So wandelt die Edle in dauernder Tugend
und übt das Geschäft des Lehrens.

Eine weise Frau lehrt andere Menschen durch die Ehrlichkeit und Klarheit ihres inneren Wesens und nicht durch ihr Ego. Sie lehrt durch ihr liebevolles Mitgefühl, durch ihren inneren Frohsinn und durch die Offenheit ihres Herzens. Sie lehrt durch ihr ganzes Sein, weil sie die Kraft und das Vertrauen besitzt, sich dem Leben vollkommen hinzugeben. Somit gewinnt sie die Fähigkeit, die Herzen anderer Menschen zu berühren.

DIE EINZELNEN LINIEN

Anfangs eine Sechs bedeutet:
Wiederholung des Abgründigen.
Man gerät im Abgrund in ein Loch.
Unheil.

Man begibt sich in große Gefahr, wenn man das Abgründige in sich selbst, also die eigene Psyche, nicht kennenlernen will und die inneren Kräfte nicht zu respektieren weiß. Wenn man zu lange mit etwas Gefährlichem herumspielt und mit sich selbst und seinem Leben verantwortungslos umgeht, entsteht selbstverschuldetes Unglück.

Neun auf zweitem Platz bedeutet:
Der Abgrund hat Gefahr.
Man soll nur Kleines
zu erreichen streben.

Wenn man eine Gefahr oder eine schwere Zeit zu überwinden hat, muß man sich zunächst still verhalten und die Ernsthaftigkeit der Lage, in der man sich im Augenblick befindet, begreifen. Es sind jetzt nur kleine Schritte hilfreich und notwendig. Denn gerade die kleinen Schritte führen im rechten Tempo und zur richtigen Zeit aus der schwierigen Situation heraus.

Sechs auf drittem Platz bedeutet:
Vorwärts und rückwärts,
Abgrund über Abgrund.
In solcher Gefahr halte zunächst inne,
sonst kommst du im Abgrund in ein Loch.
Handle nicht so.

Sich ruhig zu verhalten ist jetzt der einzige Ausweg. Es gibt Augenblicke und Situationen im Leben, da jedes Handeln falsch ist und sich nur negativ auswirken kann. Hier wird eine solche Situation beschrieben. Sie kann sich nur durch bewußtes Abstandnehmen und Nichteingreifen wieder entwirren und entspannen.

Sechs auf viertem Platz bedeutet:
Ein Krug Wein, eine Reisschale als Zugabe,
ein Tongeschirr,
einfach zum Fenster hineingereicht.
Das ist durchaus kein Makel.

In Zeiten der Gefahr und der Verwirrung greift man am besten auf das Einfache und Klare im Leben zurück. Alle umständlichen Umgangsformen werden unnötig. Was einfach ist, ist klar, und umgekehrt. Alle aufgesetzten, steifen Förmlichkeiten und Charakterpanzer werden nun abgelegt. Nur eine wahrhaft ehrliche Gesinnung und Menschlichkeit des Herzens zählen jetzt.

Neun auf fünftem Platz bedeutet:
Der Abgrund wird nicht überfüllt;
er wird nur bis zum Rand gefüllt.
Kein Makel.

Es ist nicht die Zeit, um große Erfolge zu erringen. Nur kleine Schritte helfen in dieser Lage weiter. Deshalb ist es klug, keine Widerstände im Leben aufzubauen oder zu nähren. Es ist ratsam, den Weg des geringsten Widerstandes zu gehen und sich nicht weiter möglichen Gefahren auszusetzen.

Oben eine Sechs bedeutet:
Mit Stricken und Tauen gebunden,
eingeschlossen
zwischen dornumhegten Kerkermauern;
drei Jahre findet man sich nicht zurecht.
Unheil!

Jeder Mensch wird im Leben für seine Fehltritte zur Rechenschaft gezogen. Man kann andere Menschen nicht ungestraft benutzen oder ausbeuten und darauf hoffen, nach diesen Vergehen gegen die Menschenwürde ungestraft davonzukommen. Die Gerechtigkeit des Lebens holt jeden Menschen ein. Deshalb ist es wichtig, immer darauf zu achten, keine Verletzungen, die man sich selbst oder anderen zugefügt hat, unverziehen oder ungeheilt zu lassen.

離

30. Li / Das Haftende, das Feuer

䷝ *Oben Li, das Haftende, das Feuer*
Unten Li, das Haftende, das Feuer

Auch dieses Zeichen ist ein Doppelzeichen und dadurch in seiner ganzen Ausdruckskraft verstärkt wirksam. Li ist die mittlere Tochter der Familie. Die Natur von Li ist das Helle, das Licht, das Feuer, die »Verklärung«. Sie hat keine bestimmte Gestalt. Ihre helle Kraft lodert von der Erde empor, sie verbindet sich mit der Materie und haftet an allen Dingen.

DAS URTEIL

Das Haftende.
Fördernd ist Beharrlichkeit.
Sie bringt Gelingen.
Pflege der Kuh bringt Heil.

Das Helle braucht das Dunkle, um zu strahlen. So wie das Feuer die Materie oder einen Untergrund benötigt, damit es leuchten und brennen kann, so braucht auch die Seele des Menschen einen bereitwilligen Nährboden, einen Körper, dem sie anhaften kann, damit sie ihr inneres Licht entfalten und in der Welt wirken kann. Die Kuh versinnbildlicht Geduld, Sanftheit und Fügsamkeit. Wenn man die Bereitschaft der sanften Fügsamkeit in sich selbst findet und nährt, erwacht geistige Klarheit.

DAS BILD

Das Helle erhebt sich zweimal:
das Bild des Feuers.
So erleuchtet die große Frau
durch Fortsetzung dieser Helle
die vier Weltgegenden.

Das Licht, das Helle, das Feuer der Sonne hat sich nun verdoppelt. Durch das vermehrte Licht entsteht große Klarheit. Die geistige Klarheit einer großen und weisen Frau erleuchtet nicht nur ihr eigenes Leben, sondern auch die Leben anderer Menschen, die innerlich dafür offen sind und sich von diesem Licht durchdringen bzw. erleuchten lassen wollen. Nur dadurch ist das Erwachen eines tieferen Verständnisses möglich.

Anfangs eine Neun bedeutet:
Die Fußspuren laufen kreuz und quer.
Wenn man ernst dabei ist:
kein Makel.

Die äußere Welt macht sich mit all ihren Verstrickungen und ihrer ununterbrochenen Geschäftigkeit durch innere Unrast und Unruhe bemerkbar. Um wieder innere Klarheit zu erlangen, muß man sich bewußt machen, welche Einflüsse im Leben positiv wirken und welche störend sind. Nur so kann man die notwendige innere Klarheit in Zusammenhang mit einem neuen Vorhaben entwickeln.

Sechs auf zweitem Platz bedeutet:
Gelber Schein.
Erhabenes Heil.

Gelb ist die Farbe der Sonne, die über dem Zenit steht. Damit ist das vollendete Maß angezeigt. Wer innerlich und äußerlich sein Maß und seine innere Balance gefunden hat und auch danach lebt, hat großes Glück.

Neun auf drittem Platz bedeutet:
Beim Schein der untergehenden Sonne
schlagen die Menschen entweder auf den Topf und singen,
oder sie seufzen laut über das kommende Greisenalter.
Unheil.

Die untergehende Sonne deutet hier auf das Fortschreiten der Zeit und des Alters hin. Viele Menschen benutzen ihre noch verbleibende Lebenskraft, um übertrieben zu feiern, oder sie gehen ins andere Extrem und fallen in ein Loch der tiefen Trostlosigkeit. Beiden Lebensformen fehlt das innere Gleichgewicht. Sie sind maßlos und entspringen der Angst. Ein weiser Mensch besinnt sich still auf sich selbst und findet in seinem Innersten den Frieden, nach dem er sich sein ganzes Leben in der äußeren Welt gesehnt hat.

Neun auf viertem Platz bedeutet:
Plötzlich ist sein Kommen;
es brennt auf, erstirbt,
wird weggeworfen.

Ein Strohfeuer brennt hell und heiß und vernichtet alles in Windeseile. Es besitzt kein langes Durchhaltevermögen, wie langsam brennendes Eichenholz. So muß auch der Mensch lernen, Maß zu halten, mit seinen Kräften hauszuhalten und weise und bewußt mit ihnen umzugehen.

Sechs auf fünftem Platz bedeutet:
Weinend in Strömen, seufzend und klagend.
Heil!

Sobald man bereit ist, die eigene Wirklichkeit zu sehen und die Nichtigkeit und Falschheit des Egos zu begreifen, erwacht innere Klarheit. Wenn man den Mut hat, sich dem Schmerz des Loslassens zu stellen und ihn nicht abwehrt, erwacht ein neues Selbst-Bewußtsein.

Oben eine Neun bedeutet:
Der König gebraucht ihn,
auszuziehen und zu züchtigen.
Am besten ist es dann, die Häupter zu töten,
und die Nachläufer gefangenzunehmen.
Kein Makel.

Nur durch innere Aufmerksamkeit kann man sich über negative Angewohnheiten und Neigungen klarwerden. Ein Geist, der sich allein mit geistiger oder körperlicher Askese beschäftigt und sich damit kontrollieren will, schädigt sich selbst. Wenn man statt dessen lernt, seine Gedanken in aller Ruhe zu beobachten, ohne sie zu bewerten, findet man nach und nach den Weg in die innere Stille und die innere Mitte.

Zweites Buch

咸

31. Hiën / Die Einwirkung (die Werbung)

䷞ *Oben Dui, das Heitere, der See*
Unten Gen, das Stillhalten, der Berg

Das erste Buch beginnt mit den Zeichen von Himmel und Erde, die sich gegenseitig anziehen und befruchten. Das zweite Buch beginnt mit den Zeichen der Werbung und der Ehe als den Grundlagen aller Beziehungen. Dui, die jüngste Tochter, das Heitere, ist oben. Darunter ist Gen, der jüngste Sohn, die Stille, der Berg. Dieses Zusammenkommen symbolisiert die natürliche Anziehungskraft der weiblichen und männlichen Energien. Das Männliche wirbt von unten her um das Weibliche. Das Weibliche läßt sich spielerisch und in aller Heiterkeit und Ruhe umwerben. Somit ist alles im Lot und an seinem richtigen Platz.

DAS URTEIL

Die Einwirkung. Gelingen.
Fördernd ist Beharrlichkeit.
Ein Mädchen nehmen bringt Heil.

Wenn eine Beziehung auf allen Ebenen harmonisch sein soll, muß es eine ausgewogene, gleichwertig starke Anziehungskraft zwischen den Polen der weiblichen und der männlichen Kraft geben. Sobald sich die Freude der äußeren Begegnung mit der Stille des inneren Vertrauens vereint, ist das rechte Maß gefunden. Eine weise Frau läßt sich von einem ebenbürtigen Mann liebevoll und mit Geduld umwerben.

DAS BILD

Auf dem Berge ist ein See;
das Bild der Einwirkung.
So läßt die Edle durch Aufnahmebereitschaft
die Menschen an sich herankommen.

Eine positive geistige Einwirkung hängt von der inneren Bereitschaft ab, sich für seine Umgebung und die Menschen, mit denen man zu tun hat, zu öffnen. Eine weise Frau wird sich nicht hochmütig zeigen, sondern den Menschen erlauben, ihren wohlgemeinten Rat einzubringen. Einem Menschen, der alles besser weiß, rät bald keiner mehr.

DIE EINZELNEN LINIEN

Anfangs eine Sechs bedeutet:
Die Einwirkung äußert sich
in der großen Zehe.

Wenn die Einwirkung erst in der großen Zehe spürbar wird, ist sie zwar gedanklich schon präsent, aber sie hat sich noch nicht in der äußeren Realität manifestiert. Sie ist noch nicht sichtbar und zieht deshalb auch keinerlei Folgen oder ein Karma nach sich.

Sechs auf zweitem Platz bedeutet:
Die Einwirkung äußert sich in den Waden.
Unheil!
Verweilen bringt Heil.

Eine Einwirkung, die sich in den Waden bemerkbar macht, ist in ihrer Entwicklung bereits weiter fortgeschritten. Doch eine Wade allein kann keine Bewegung ausführen. Deshalb ist es besser, abzuwarten, bis sich der nächste Schritt klar zeigt. Eine solch besonnene Haltung ermöglicht auch eine angemessene Handlung.

Neun auf drittem Platz bedeutet:
Die Einwirkung äußert sich in den Schenkeln.
Hält sich an das, was ihm folgt.
Weitermachen ist beschämend.

Der Wunsch, sich einzumischen und dem ersten Herzensimpuls zu folgen, ist bereits sehr stark. Doch man sollte seine wahren Motivationen prüfen, bevor man jetzt etwas Hals über Kopf in Bewegung setzt und dadurch vielleicht überstürzt. In manchen Fällen ist es besser, nicht allen Launen und Ideen sofort nachzugehen. Es ist klüger, sich zu besinnen, bevor man etwas tut, das man später vielleicht bereut.

Neun auf viertem Platz bedeutet:
Beharrlichkeit bringt Heil.
Die Reue schwindet.
Wenn man aufgeregt hin und her denkt,
so folgen nur die Freunde,
auf die man bewußte Gedanken richtet.

Die Kraft kommt jetzt ganz aus dem Herzen. Deshalb braucht man nicht zu versuchen, andere Menschen in irgendeiner Weise zu beeinflussen. Wenn die Kraft des eigenen Wesens auf so klare Weise fließt, erübrigt sich jede äußere Absicht und Einmischung in den Prozeß. Durch unnötiges Bemühen entstünde jetzt nur Chaos. Wenn man seiner inneren Kraft wirklich vertraut, wird es unnötig, die Situation absichtlich in eine ganz bestimmte Richtung hin lenken oder beeinflussen zu wollen.

Neun auf fünftem Platz bedeutet:
Die Einwirkung äußert sich im Nacken.
Keine Reue.

Hier steigt die Kraft, auf eine Situation einwirken zu wollen, aus den Tiefen des eigenen Wesens auf. Doch es ist ratsam, sich auch darauf nicht zu versteifen, sondern flexibel zu bleiben, um weitere Verwirrungen zu vermeiden. Wenn man sich zu starr verhält, ist weder ein Einfluß nach außen noch von außen her möglich.

Oben eine Sechs bedeutet:
Die Einwirkung äußert sich in Kinnlade,
Wangen und Zunge.

Sobald man auf etwas positiv einwirken will, reicht es nicht aus, nur oberflächlich und ohne wahre innere Offenheit über eine Sache oder eine Situation im Leben zu reden. In einem solchen Fall verausgabt sich die Energie nur in leeren Worten, und es kann nichts Gutes zustande kommen.

恒

32. HONG / DIE DAUER

䷟ *Oben Dschen, das Erregende, der Donner*
Unten Sun, das Sanfte, der Wind

In diesem Zeichen treffen sich Sun, die älteste Tochter, und Dschen, der älteste Sohn. Diese Kombination bringt eine gewisse Reife und auch die daraus entstehende Ausdauer mit sich. Die Kraft des Donners und des Windes gehören auf natürliche Weise zusammen. Sie sind auf ewig miteinander verbunden. Wo Wind ist, da ist auch der Donner nicht weit, und wo Donner erklingt, erhebt sich auch bald der Wind. Die gemeinsame Kraft beider Zeichen symbolisiert eine natürliche Form der Dauer und des Andauernden.

DAS URTEIL

Gelingen. Kein Makel.
Fördernd ist Beharrlichkeit.
Fördernd ist, zu haben, wohin man gehe
(einen Platz zu wissen, zu dem man geht).

Dauer ist eine Zeitqualität, die nicht von heute auf morgen geboren wird. Etwas, das andauern soll, braucht das entsprechende Bewußtsein, Arbeit und die entsprechende Konzentration der Kräfte. Wenn man im Leben ein Ziel ins Auge faßt, muß dieses Ziel sehr klar sein, bevor man sich darauf zu bewegt.

DAS BILD

Donner und Wind; das Bild der Dauer.
So steht die Edle fest
und ändert ihre Richtung nicht.

Eine Frau, die ihr eigenes Wesen erkannt hat und ihm und damit auch ihrer inneren Wahrheit gemäß handelt, hat nichts zu befürchten. Sie ist innerlich und äußerlich geradlinig und ehrlich und bleibt sich in allen Lebenslagen treu.

DIE EINZELNEN LINIEN

Anfangs eine Sechs bedeutet:
Zu rasch Dauer wollen,
bringt beharrlich Unheil.
Nichts, was fördernd wäre.

Wenn man zu schnell zuviel erreichen will, liegt Mißerfolg nahe. Etwas wirklich Gutes läßt sich jetzt nur durch viel Geduld erreichen. Etwas Dauerhaftes kann jetzt nur durch ehrliche Arbeit und wahre Hingabe an die entsprechende Aufgabe entstehen.

Neun auf zweitem Platz bedeutet:
Reue schwindet.

Für einen Mensch, der gelernt hat, nicht in die Extreme zu gehen, und der deshalb auch fähig ist, immer wieder die eigene Mitte zu finden und ganz flexibel zu halten, gibt es nichts zu bereuen.

Neun auf drittem Platz bedeutet:
Wer seinem Charakter nicht Dauer gibt,
dem bietet man Schande.
Beharrliche Beschämung.

Wer seinen inneren Wert nicht kennt und kein Vertrauen in das eigene Wesen besitzt, dem fällt es schwer, ein ausgewogenes Leben zu führen oder etwas Dauerhaftes im Leben zu schaffen. Ein solcher Mensch muß zuerst den Mut finden, von den ablenkenden Einwirkungen der Außenwelt bewußt Abstand zu nehmen, um sich selbst besser kennenzulernen.

Neun auf viertem Platz bedeutet:
Im Feld ist kein Wild.

Wenn man nicht die Kraft in sich fühlt, etwas zu unternehmen, soll man es lassen und sich nicht unnötig selbst quälen und dadurch verausgaben. Es ist immer wichtig, mit der eigenen Energie zu gehen, auch wenn diese Energie manchmal »stillzustehen« scheint. Es ist nicht nötig, dauernd etwas zu tun, nur um nicht müßig zu erscheinen. Das Andauernde und das Dauerhafte im Leben brauchen nicht die Hektik der Aktion, um fortzubestehen.

Sechs auf fünftem Platz bedeutet:
Seinem Charakter Dauer geben durch Beharrlichkeit,
das ist für eine Frau von Heil,
für einen Mann von Unheil.

Eine Frau hat von Natur aus einen natürlichen, unkomplizierten Zugang zu ihrem eigenen Wesen. Wenn sie sich selbst wahrhaft vertrauen lernt, findet sie ihre geistige Erfüllung in ihrem eigenen Inneren. Einer Frau tut es deshalb sehr gut, in ihrer Mitte zu ruhen und ihre innere Kraft zu spüren, ohne etwas Bestimmtes in der äußeren Welt leisten oder tun zu müssen. Sie muß nichts tun, um zu sein. Für einen Mann wäre diese Haltung auf die Dauer jedoch nicht unbedingt vorteilhaft, da ein Mann sein Glück in der äußeren Welt und im weltlichen Tun sucht. Er muß tun, um zu sein, um sein Selbstwertgefühl zu finden und sich innerlich gut zu fühlen. Wenn man dies in sich selbst erkennt und annehmen kann, ergänzen sich beide Energien auf harmonische Weise, da alle Menschen einen weiblichen und einen männlichen Teil in sich vereinen.

Oben eine Sechs bedeutet:
Rastlosigkeit als dauernder Zustand
bringt Unheil.

Andauernde Erregung oder ununterbrochener Streß sind große Gefahren für die Gesundheit jedes Menschen. Gerade in Augenblicken der mentalen Überflutung und des Exzesses, ist es von größter Dringlichkeit, sich von aller unnötigen Hast und

Nervosität der Außenwelt bewußt zurückzuziehen, um wieder in die innere Ruhe zu finden.

遯

33. Dun / Der Rückzug

䷠ *Oben Kiën, das Schöpferische, der Himmel*
Unten Gen, das Stillhalten, der Berg

Wenn eine Energie ihren Höhepunkt überschritten hat, ist es ganz natürlich, daß ihre Kraft wieder abnimmt und zurücktritt. In diesem Zeichen wird die Kraft des Schöpferischen langsam nach oben abgedrängt. Von unten steigt die Kraft der Stille, der Ruhe des Berges nach. Dieses Verständnis des stetigen Wandels der Kräfte hilft, die Höhen und Tiefen des Lebens zu meistern. Wenn man sich dessen bewußt ist, begeht man nicht den Fehler, seine Kräfte an der falschen Stelle zu verschleißen und aufzureiben.

DAS URTEIL

Der Rückzug. Gelingen.
Im Kleinen
ist fördernd Beharrlichkeit.

Ein Rückzug im richtigen Augenblick zeugt von tiefer Einsicht und Intelligenz. Manchmal ist ein besonnener Rückschritt klüger als ein unbedachter Fortschritt. An diesem Punkt ist es wichtig, zu lernen, wann sich die Kraft ganz von selbst zurückzieht, und ihr auch zu folgen. Ein kluger Rückschritt, bei dem man dem Fluß der Lebenskraft sensibel folgt, ist keine Flucht.

DAS BILD

Unter dem Himmel ist der Berg;
das Bild des Rückzugs.
So hält die Edle den Gemeinen fern,
nicht zornig,
sondern gemessen.

Die Stille des Berges verstärkt sich. Durch innere Ruhe und Bedachtsamkeit hält eine kluge Frau auch äußere Schwierigkeiten von sich fern. Sie zieht ihre Kraft auf stille Art zurück, ohne den Neid oder Zorn der Umwelt zu wecken.

DIE EINZELNEN LINIEN

Anfangs eine Sechs bedeutet:
Beim Rückzug am Schwanz:
das ist gefährlich.
Man darf nicht etwas unternehmen wollen.

In dieser Situation ist sofortiger Rückzug der einzige Weg, um Verletzungen zu vermeiden. Wenn man klug ist, zieht man sich sofort zurück und nicht erst, wenn sich die Lage bereits verschlimmert hat.

Sechs auf zweitem Platz bedeutet:
Er hält ihn fest mit gelbem Ochsenleder.
Niemand vermag ihn loszureißen.

Das gelbe Ochsenleder ist fest und unzerreißbar. Mit ähnlicher Stärke klammert sich ein Mensch an einen anderen Menschen oder an eine Situation, die eigentlich bereits im Wandel begriffen ist. Doch durch enorme Zähigkeit und einen eisernen Willen »verbeißt« sich diese Person derart stark, daß man sie im Augenblick nicht losbekommt.

Neun auf drittem Platz bedeutet:
Aufgehaltener Rückzug
ist peinlich und gefahrvoll.
Die Menschen als Knechte und Mägde zu halten,
bringt Heil.

Der Ausdruck der inneren Wahrheit soll nicht durch oberflächliches Verlangen, Gier oder Neid aufgehalten oder gar gelähmt werden. Deshalb gilt es zu erkennen, was die wahren Motive sind, die eine Lebenslage bestimmen. Sich jetzt selbst treu zu bleiben und nicht den eigenen niederen Stimmungen und Launen nachzugeben, bringt die erhoffte Erlösung.

Neun auf viertem Platz bedeutet:
Freiwilliger Rückzug bringt der Edlen Heil,
dem Gemeinen Untergang.

Eine weise Frau zieht sich freiwillig aus einer unguten Lage zurück, weil sie einsieht, daß sie sich selbst innerlich treu bleiben muß, wenn sie ihre Menschenwürde wahren will. Die Kraft ihrer inneren Handlungsfreiheit, macht diesen segensreichen Schritt jetzt möglich. Das Loslassen und Verstehen der niederen Einflüsse bedeutet gleichzeitig deren Ende.

Neun auf fünftem Platz bedeutet:
Freundlicher Rückzug.
Beharrlichkeit bringt Heil.

Man darf sich in aller Freundlichkeit und Liebe, die man für andere Menschen empfindet, jetzt trotzdem zurückziehen und von einer alten Lebensform Abschied nehmen. Doch dieser innere Entschluß muß feststehen, er darf keinen Raum mehr für Auseinandersetzungen bieten, die zu nichts führen.

Oben eine Neun bedeutet:
Heiterer Rückzug.
Alles ist fördernd.

Sobald man sich für seinen eigenen Weg entschieden hat und wirklich weiß, was man will, fällt alles leichter. Auch der Abschied. Denn man weiß jetzt, daß es zum Besten aller Beteiligten so geschieht. Dann kann man sich mit Freude und Zuversicht auf den Weg machen und das Neue im Leben willkommen heißen.

大壯

34. Da Dschuang / Des Grossen Macht

䷡ *Oben Dschen, das Erregende, der Donner*
Unten Kiën, das Schöpferische, der Himmel

Die Kraft des Schöpferischen und des Himmels drängt in diesem Zeichen kraftvoll nach oben und verbindet sich mit Dschen, der Kraft des Erregenden und des Donners. Diese Verbindung von Erregung und himmlischer Kraft symbolisiert die Macht des Großen.

DAS URTEIL

Des Großen Macht.
Fördernd ist Beharrlichkeit.

Wahre Macht entspringt der Kraft der inneren Wahrheit und dem Sinn für wirkliche Gerechtigkeit. Alles Große, Wahre und Ehrliche im Leben besitzt wahre Macht. Aber es ist eine Form der Macht, die nichts mit Gewalt zu tun hat. Es ist die innere Macht und Kraft der Klarheit, im Leben das Rechte zu tun. Wichtig dabei ist, sich in Dankbarkeit dieser machtvollen inneren Kräfte stets bewußt zu bleiben.

DAS BILD

Der Donner ist am Himmel droben;
das Bild der Macht des Großen.
So tritt der Edle nicht auf Wege,
die nicht der Ordnung entsprechen.

Eine Frau, die wahre Macht besitzt, hütet sich davor, sie zu mißbrauchen. Sie weiß, daß gerade die Macht einer gewissen Ordnung und Gerechtigkeit unterstehen muß, um wirksam zu sein. Solange die Kräfte des Himmels und damit auch die Stärke ihres eigenen Wesens ihre Handlungen unterstützen und leiten, steht alles zum Besten.

Macht in den Zehen.
Fortmachen bringt Heil.
Das ist gewißlich wahr.

Niedere Machtgelüste bedienen sich gern des Zwangs und der Gewalt als Werkzeuge, um ihre Pläne durchzusetzen. Sich so zu verhalten, führt jedoch mit Sicherheit ins Unglück. Es ist deshalb äußerst ratsam, sich von solchen Machenschaften fernzuhalten.

Neun auf zweitem Platz bedeutet:
Beharrlichkeit bringt Heil.

Die Widerstände lösen sich langsam auf. Die Entwicklung geht gut und kraftvoll voran, doch ein gewisser Hang zum Übermut sollte dabei beachtet und gezügelt werden. Äußere Ausgewogenheit und inneres Gleichgewicht bringen Erfolg.

Neun auf drittem Platz bedeutet:
Der Gemeine wirkt durch Macht,
die Edle wirkt nicht so.
Fortmachen ist gefährlich.
Ein Ziegenbock stößt gegen eine Hecke
und verwickelt seine Hörner.

Ein unbewußter Mensch schwelgt in seiner Macht und verwickelt sich in unnötige Schwierigkeiten, wie sich der Ziegenbock mit seinen Hörnern in einer Hecke verfängt. Eine kluge Frau handelt anders. Sie verzichtet auf derartige Machtbeweise und nutzt ihre Kraft im stillen und nur auf gute Weise.

Neun auf viertem Platz bedeutet:
Beharrlichkeit bringt Heil.
Die Hecke öffnet sich,
es gibt keine Verwicklung.
Die Macht beruht auf der Achse
eines großen Wagens.

Man kann daran arbeiten, die Widerstände langsam, aber stetig zu beseitigen. Dabei darf jedoch nichts übertrieben werden. Je intelligenter und je stiller man die Macht, die einem gegeben wird, einsetzt, desto positiver kann sie sich auswirken. Wahre Kraft besitzt in ihrer subtilsten und feinsten Form, der wahren Sanftheit nämlich, den größten Einfluß und damit auch andauernde Wirksamkeit.

Sechs auf fünftem Platz bedeutet:
Verliert den Bock in Leichtigkeit.
Keine Reue.

Man muß jetzt nicht weiterkämpfen. Es ist von Vorteil, sein wahres Wesen ehrlich zu zeigen und die innere Sturheit abzulegen. Weichheit und Sanftheit bringen mehr zustande als Abkapselung und Härte einem Menschen oder einer Situation gegenüber.

Oben eine Sechs bedeutet:
Ein Bock stößt gegen eine Hecke.
Er kann nicht zurück, er kann nicht voran.
Nichts ist fördernd.
Merkt man die Schwierigkeit,
so bringt das Heil.

Wenn sich eine Lebenslage durch sture Eigenwilligkeit verschlimmert, muß man sich nicht wundern, wenn gar nichts mehr geht. Aus einer solch verworrenen Situation kommt man nur durch Stillhalten und neugewonnene innere Einsicht wieder heraus.

晉

35. Dsin / Der Fortschritt

☲ *Oben Li, das Haftende, das Feuer*
☷ *Unten Kun, das Empfangende, die Erde*

In diesem Zeichen steht die leuchtende Kraft der Sonne und des Feuers über der Erde. Ihr Licht steigt über die Erde hinaus und erhellt alles mit durchdringender Klarheit. Das Zeichen steht für die Ausdehnung des Lichts und die Verdeutlichung und Erleuchtung aller Dinge und Wesen, auf die dieses Licht fällt.

DAS URTEIL

Der starke Fürst wird geehrt
durch Pferde in großer Menge.
An einem Tage
wird er dreimal empfangen.

Ein weiser Mensch besitzt innere Klarheit und wird deshalb von anderen Menschen verehrt und geschätzt. So ein Mensch benutzt seine Klarheit und seinen Weitblick auch zum Wohle anderer. Da er gelernt hat, in die Tiefe der Herzen zu sehen, und deshalb wahres Mitgefühl besitzt, ist er imstande, Gutes zu wirken. So kann er seine Hilfe unter der Mitwirkung anderer Menschen, die ihm hilfreich zur Seite stehen, auf sehr positive Weise einbringen.

DAS BILD

Die Sonne steigt über die Erde empor:
das Bild des Fortschritts.
So macht die Edle selbst
ihre klaren Anlagen hell.

Das innere Licht verstärkt sich und steigt über die Verstrickungen und Verhaftungen der irdischen Existenz hinaus. Eine weise Frau ist fähig, ihr Licht in sich selbst zu finden und diesem inneren Licht zu folgen. Die Klarheit und Reinheit des inneren Lichts gibt ihr die Möglichkeit, sich selbst und andere Menschen völlig neu zu sehen. Ihr eigenes Licht der inneren Erkenntnis führt sie aus dem Dunkel ins Helle und erleuchtet ihren Lebensweg.

DIE EINZELNEN LINIEN

Anfangs eine Sechs bedeutet:
Fortschreitend, aber zurückgewiesen.
Beharrlichkeit bringt Heil.
Wenn man kein Vertrauen findet,
so bleibe man gelassen.
Kein Fehler.

Jetzt muß man auf sich selbst und sein inneres Licht vertrauen und nicht versuchen, andere Menschen zu überzeugen. Alle Überredungskünste schlagen fehl. Es ist besser, es erst gar nicht zu versuchen. Alles entwirrt sich zu seiner Zeit.

Sechs auf zweitem Platz bedeutet:
Fortschreitend, aber in Trauer.
Beharrlichkeit bringt Heil.
Man bekommt dann großes Glück
von seiner Ahnfrau.

Der Fortschritt ist behindert, da zwischen den Verantwortlichen keine echte Kommunikation stattfindet. Hilfe kommt statt dessen ganz unerwartet von einer »Ahnfrau«, also von der Quelle der weiblichen und mütterlichen Kraft. Diese Form der Hilfe erweist sich als sehr glückbringender Einfluß. Sie beinhaltet keine egoistischen oder machthungrigen Motive, sondern entspringt echter Zuneigung und wahrer Menschlichkeit.

Sechs auf drittem Platz bedeutet:
Alle sind einverstanden.
Die Reue schwindet.

Man muß sich nicht immer allein durchbeißen. Die Schwierigkeiten können jetzt mit der Hilfe von gleichgesinnten und wohlgesonnenen Menschen gut überwunden werden. Man braucht sich nicht zu schämen, an einem solchen Punkt im Leben Hilfe von anderen Menschen anzunehmen.

Neun auf viertem Platz bedeutet:
Fortschritt wie ein Hamster.
Beharrlichkeit bringt Gefahr.

Es ist eine Situation entstanden, in der Menschen ausgenutzt werden können. Dies findet jedoch in aller Heimlichkeit statt. Man muß bei der Entlarvung der Schuldigen sehr vorsichtig sein und sehr langsam und wachsam vorgehen.

Sechs auf fünftem Platz bedeutet:
Die Reue schwindet.
Gewinn und Verlust nimm nicht zu Herzen.
Unternehmungen bringen Heil.
Alles ist fördernd.

Es ist nicht immer sinnvoll und richtig, eine Lebenslage vollkommen zu seinen Gunsten auszunutzen. Es ist klüger, eine gewisse Balance zu wahren und nur das zu nehmen, was man wirklich braucht. Dann kann man unbekümmert vorgehen. Gewinn und Verlust halten sich in diesem Fall die Waage.

Oben eine Neun bedeutet:
Fortschreiten mit den Hörnern darf man nur,
um sein eigenes Gebiet zu strafen.
Bewußtsein der Gefahr bringt Heil.
Kein Makel.
Beharrlichkeit bringt Beschämung.

Ein Mensch darf seinen Ärger und seine Frustration jetzt nur den eigenen Angehörigen offenbaren. Sobald er Außenstehende und Fremde damit behelligt und belästigt, stößt er auf berechtigten Widerstand.

明夷

36. Ming I / Die Verfinsterung des Lichts

☷☲ *Oben Kun das Empfangende, die Erde*
Unten Li, das Haftende, das Feuer

Die Erde ruht in diesem Zeichen über dem Licht und verfinstert es. Diese Verfinsterung des Lichts bringt Schatten und Dunkelheit mit sich. Nach Richard Wilhelm bedeutet dieses Zeichen eigentlich »Die Verwundung des Lichtes«, da im Text von Verwundung gesprochen wird. Während im vorangegangenen Zeichen eine weise, gütige und lichte Kraft herrschte, wird in dieser Kombination der Linien die dunkle Kraft stärker.

DAS URTEIL

Die Verfinsterung des Lichts.
Fördernd ist es,
in der Not beharrlich zu sein.

Hier zeichnet sich eine Situation ab, in der es für einen Menschen von großem Vorteil ist, sein inneres Licht und Verständnis nicht wahllos mit allen zu teilen, sondern in aller Stille damit zu leben. Man kann sich den äußeren Umständen fügen und trotzdem auf sich selbst vertrauen, ohne damit die Aufmerksamkeit der Umwelt unnötig auf sich zu ziehen. Eine solche Haltung ist im Augenblick das Günstigste.

DAS BILD

Das Licht ist in die Erde hineingesunken:
das Bild der Verfinsterung des Lichts.
So lebt die Edle mit der großen Menge,
sie verhüllt ihren Schein
und bleibt doch hell.

Vorsicht ist geboten. Für eine wachsame Frau ist es günstig, sich aus allen unnötigen äußeren Verwicklungen herauszuhalten. Es ist weise, nichts ans Licht zerren zu wollen, was andere

Menschen bloßstellen würde. Es ist jetzt ratsam, nicht alles zu hinterfragen und die Dinge im Augenblick auf sich beruhen zu lassen.

DIE EINZELNEN LINIEN

Anfangs eine Neun bedeutet:
Verfinsterung des Lichts im Fluge.
Sie senkt ihre Flügel.
Die Edle auf ihrer Wanderschaft
ißt drei Tage nichts.
Aber sie hat (weiß), wohin sie geht.
Der Wirt hat über sie zu reden.

Es ist nicht ratsam, die Hindernisse wie im Flug und auf einen Schlag nehmen zu wollen. Es ist klüger, die Hemmnisse zunächst durch einen Kompromiß zu entschärfen und sie nicht durch unbedachtes und zu schnelles Handeln zu verhärten. Auch wenn die Leute reden und damit ihr Unverständnis der Situation zeigen, bleibt eine weise Frau gelassen und ihrem inneren Weg treu.

Sechs auf zweitem Platz bedeutet:
Die Verfinsterung des Lichts
verletzt sie am linken Schenkel.
Sie wirkt Hilfe mit der Macht eines Pferdes.
Heil.

Eine Verwundung ist geschehen. Doch eine verständnisvolle Frau läßt sich davon nicht beirren, sondern bietet weiter ihre Hilfe an. Das Pferd als magisches Symbol der schöpferischen Kraft symbolisiert ihre eigene ungebrochene Kraft der uneigennützigen Hilfsbereitschaft, die allen Wesen Segen bringt.

Neun auf drittem Platz bedeutet:
Die Verfinsterung des Lichts auf der Jagd im Süden.
Man bekommt sein großes Haupt.
Man darf nicht zu eilig
Beharrlichkeit erwarten.

Das Helle, das Licht, ist das Zeichen des Südens. Da das Licht aber unter die Erde gesunken ist, ist mit Widerstand und Mißbrauch zu rechnen. Man ist zwar imstande, wieder eine Ordnung herzustellen und den Mißbrauch der Kräfte etwas einzudämmen, aber man muß dabei sehr geduldig sein und nichts übereilen wollen.

Sechs auf viertem Platz bedeutet:
Er dringt in die linke Bauchhöhle ein.
Man erhält das Herz der Verfinsterung des Lichts
und verläßt Tor und Hof.

Man befindet sich ganz nahe an der Quelle des Übels und begreift, daß es nicht mehr zu verändern oder gar abzuwenden ist. Es ist ratsam, sich aus dieser Situation so schnell wie möglich zu entfernen, bevor das Unheil hereinbricht.

Sechs auf fünftem Platz bedeutet:
Verfinsterung des Lichts wie beim Prinzen Gi.
Fördernd ist Beharrlichkeit.

Prinz Gi war ein Verwandter des Tyrannen Dschou Sin und lebte an dessen Hof. Da seine Gesinnung, im Gegenteil zu der des Tyrannen, gut und edel war, er sich aber nicht vom Hofe zurückziehen durfte, stellte er sich wahnsinnig und wurde als Sklave geduldet. So konnte er sich innerlich selbst treu bleiben, ohne das Mißtrauen anderer auf sich zu ziehen. Auf die heutige Zeit bezogen lehrt dieses Zeichen, daß man sehr vorsichtig sein muß, wenn man sich in einer Situation befindet, in der man sein wahres Wesen nicht zeigen darf, da man sonst Gefahr läuft, verletzt zu werden.

Oben eine Sechs bedeutet:
Nicht Licht, sondern Dunkel.
Erst stieg er zum Himmel empor,
dann stürzte er in die Tiefen
der Erde hinunter.

Die Finsternis, das dunkle Element, hat seinen Höhepunkt erreicht und ist dabei, ihn zu überschreiten. Da das sogenannte Böse immer von der Kraft des Guten zehrt und lebt, »stürzt« es sich selbst, sobald es diese Kräfte aufgebraucht hat. Das Böse geht somit letztlich an sich selbst zugrunde.

家人

37. GIA JEN / DIE SIPPE

䷤ *Oben Sun, das Sanfte, der Wind*
Unten Li, das Haftende, das Feuer

Wenn die Einflüsse innerhalb der Sippe, der Familie, in Harmonie miteinander sind und jedes Familienmitglied seinen Platz hat und auch einnimmt, strömt die dadurch erzeugte harmonische Schwingungskraft auch nach außen. Der innere Einfluß der Familie auf die Welt wird in diesem Zeichen durch den Wind dargestellt, der wiederum durch das Feuer von Li erzeugt wird.

DAS URTEIL

Die Sippe.
Fördernd ist
die Beharrlichkeit der Frau.

Eine gesunde Familie braucht den Halt und die Liebe beider Elternteile. Wenn beide Eltern ihre wahren Rollen einnehmen, herrscht Frieden. Wenn der Vater ein wahrer Vater ist und die Mutter eine wirkliche Mutter, gedeihen auch die Kinder. Die Familie ist die Keimzelle der Gesellschaft. Wenn die Familie heil ist und in Ordnung und innerem Frieden mit sich selbst lebt, ist auch die Welt in Ordnung. Die Aufgabe der Frau und des Mannes innerhalb einer Familie ist deshalb von allergrößter Wichtigkeit. Sie sind es, die den Nachwuchs pflegen und die Verantwortung für das Schicksal ihrer Kinder in den Händen tragen.

DAS BILD

Der Wind kommt aus dem Feuer hervor:
das Bild der Sippe.
So hat die Edle in ihren Worten die Sache
und in ihrem Wandel die Dauer.

Der Wind, der aus dem Feuer hervordringt, hat große Kraft und ist sehr heiß. So, wirkt die innere Kraft nach außen, und so soll es auch in einer Familie sein. Eine kluge Frau und Mutter meint, was sie sagt, und sagt, was sie meint. Sie hat wahre Kraft, denn ihre Kraft kommt von innen. In ihren Worten liegt die Kraft der Wahrheit. Dieser Umstand hilft den anderen Familienmitgliedern, ihren Platz innerhalb der Familie zu finden und ebenso mit Freuden einzunehmen und sich gegenseitig zu helfen. Die geistige Kraft einer solchen Familie ist gesegnet und deshalb auch von Dauer.

DIE EINZELNEN LINIEN

Anfangs eine Neun bedeutet:
Fester Abschluß innerhalb der Sippe.
Reue schwindet.

Wenn jedes Familienmitglied innerhalb der Familie seinen rechtmäßigen Platz einnimmt, gibt es nichts zu bedauern oder zu bereuen. Jedes Kind soll von Anfang an an bestimmte Spielregeln gewöhnt werden, damit es ihm leichter fällt, seinen Platz in der Ordnung der Familie zu finden. Wenn dies rechtzeitig in der Entwicklung geschieht, steht alles zum besten.

Sechs auf zweitem Platz bedeutet:
Sie soll nicht ihrer Laune folgen.
Sie soll im Inneren für Speise sorgen.
Beharrlichkeit bringt Heil.

In alten Zeiten unterstand die Frau in China dem Manne und mußte ihn vollkommen umsorgen. Heute geht es darum, Verantwortung zu zeigen und sich nicht blind in einer Situation zu verlieren. Die familiären Pflichten, die eine Frau und Mutter übernommen hat, soll sie bereitwillig mit Freundlichkeit und Liebe erfüllen, ohne sich selbst dabei zu vergessen. Denn nur wenn es ihr gutgeht, geht es auch ihrer Familie gut. Nur ein Mensch, der sich selbst liebevoll und respektvoll behandelt, kann auch anderen Menschen Respekt und Liebe entgegenbringen und somit als gutes Beispiel dienen.

Neun auf drittem Platz bedeutet:
Wenn es in der Sippe hitzig zugeht,
so entsteht Reue über zu große Strenge.
Doch Heil!
Wenn Weib und Kind tändeln und lachen,
so führt das schließlich zu Beschämung.

Hier wird Zucht und Strenge überbewertet. Eine Familie kann man nicht durch Strenge zusammenhalten. Nur Liebe und Mitgefühl wirken verbindend und halten die Menschen wirklich zusammen. Der alte Glaube, daß man solche Dinge erzwingen kann, gehört der Vergangenheit an. Zu großer Übermut führt allerdings manchmal auch zu Reue und Scham. Es ist deshalb sehr hilfreich, die rechte Balance zwischen Arbeit und Spiel in der Familie zu finden.

Sechs auf viertem Platz bedeutet:
Sie ist der Reichtum des Hauses.
Großes Heil!

Die weibliche Energie, die wahre Mutterkraft, die alles umsorgt und beschützt, hält die Familie zusammen und bringt ihr großen Segen. So fördert sie die innere Gesundheit der Familie und auch deren Wohlstand in der äußeren Welt.

Neun auf fünftem Platz bedeutet:
Ein König naht er seiner Sippe,
fürchtet euch nicht.
Heil!

Ein großzügiger und großherziger Mann mit einem liebevollen und gütigen Wesen bietet jetzt seine Hilfe an. Die Umwelt darf ihm vertrauen und diese Hilfe dankbar annehmen.

Oben eine Neun bedeutet:
Ihre Arbeit ist ehrfurchtgebietend.
Schließlich kommt Heil.

Eine Frau, die als Familienoberhaupt wirkt, hat eine große Verantwortung. Sie trägt die gesamte Last der Familie allein auf ihren Schultern. Sie weiß, daß alle Familienmitglieder von ihr abhängig sind. Nur durch ihre innere Kraft und geistige Überzeugung, das Richtige zu tun, findet sie die Ausdauer und Geduld für diese lebenswichtige Aufgabe.

睽

38. KUI / DER GEGENSATZ

䷥ *Oben Li, das Haftende, die Flamme*
Unten Dui, das Heitere, der See

In diesem Zeichen stehen sich Feuer und Wasser als Gegensätze gegenüber. Die Flamme ist oben, der See ist unten. Die Flamme steigt nach oben, gen Himmel, und das Wasser strebt seiner Natur nach in die entgegengesetzte Richtung, nach unten, der Erde zu. Somit ergibt sich ein absoluter Gegesatz im Fluß der Kräfte.

DAS URTEIL

Der Gegensatz.
In kleinen Sachen Heil.

Menschen, die aus vollkommen gegensätzlichen Glaubensrichtungen und Konditionierungen kommen, können manchmal nicht dauerhaft produktiv und positiv zusammenarbeiten. Wenn die innerlichen Überzeugungen nicht miteinander übereinstimmen und es wenig Toleranz gibt, kann man schwer zusammenwirken. Die innerliche Entfremdung ist dann zu groß. Doch in einem solchen Fall gibt es Hoffnung, da man mit Wohlwollen und Verständnis eine Brücke schlagen kann. Gerade die Gegensätze zwischen den Menschen bilden den kreativen Boden, durch den Ordnung und Gleichgewicht geschaffen werden.

DAS BILD

Oben das Feuer, unten der See:
Das Bild des Gegensatzes.
So behält die Edle bei aller Gemeinschaft
ihre Besonderheit.

Wie Feuer und Wasser ihrer Natur treu bleiben, so bleibt eine kluge Frau sich selbst treu. Sie muß sich nicht verstellen. Ihre Kraft liegt darin, sie selbst zu sein und niemanden nachzuahmen oder zu imitieren. Gerade dafür wird sie von anderen Menschen geschätzt.

DIE EINZELNEN LINIEN

Anfangs eine Neun bedeutet:
Die Reue schwindet.
Wenn du dein Pferd verlierst,
so lauf ihm nicht nach.
Es kommt von selber wieder.
Wenn du böse Menschen siehst,
so hüte dich vor Fehlern.

Wenn im Leben Mißverständnisse entstehen und sich Widerstände aufbauen, darf man jetzt nicht versuchen, sie mit allen Mitteln aus der Welt zu schaffen. Innere Einheit und geistiges Verständnis lassen sich nicht erzwingen. Ein Mensch, der sich wegen eines Mißverständnisses von einem abwendet, besinnt sich nach einer Weile von selbst. Wenn sich ungute Elemente einschleichen wollen, darf man sie ebenfalls nicht mit Gewalt vertreiben wollen. Auch sie ziehen sich ganz von selbst wieder zurück.

Neun auf zweitem Platz bedeutet:
Man begegnet seinem Herrn in enger Gasse.
Kein Makel.

Auch wenn man sich mit einem Menschen gut versteht und auf geistiger Ebene auf derselben Welle schwingt, ist es im Augenblick schwer, sich im äußeren Leben in aller Offenheit zu begegnen. Wenn man sich trifft, spürt man trotz des generellen gemeinsamen Einverständnisses auch Mißverständnisse, welche die Kommunikation im Augenblick erschweren.

Sechs auf drittem Platz bedeutet:
Man sieht den Wagen nach hinten gezerrt,
die Rinder festgehalten,
dem Menschen Haare und Nase abgeschnitten.
Kein guter Anfang,
aber ein gutes Ende.

Es sieht so aus, als hätte sich das ganze Leben gegen einen verschworen. Trotz angedrohter Strafen und Einschüchterungsversuchen durch die Außenwelt bleibt man einem Menschen oder einer Sache, zu der man sich innerlich bekannt hat, auch im äußeren Leben treu. Die Dinge entwickeln sich zum Ende hin positiv, und alles geht gut aus.

Neun auf viertem Platz bedeutet:
Durch Gegensatz vereinsamt,
trifft man auf einen Gleichgesinnten,
mit dem man in Treuen verkehren kann.
Trotz der Gefahr kein Makel.

Man befindet sich gezwungenermaßen in einer Gemeinschaft mit Menschen, deren geistige und ethische Haltung nicht mit der eigenen übereinstimmt, und durchlebt deshalb eine Phase der inneren Einsamkeit. Sobald man einen Menschen trifft, mit dem man eine geistige Verwandtschaft spürt und dem man Vertrauen entgegenbringt, fühlt man sich nicht mehr allein. Wenn sich gleichgesinnte Geister treffen, erwacht ein Gefühl der inneren Harmonie und Freude.

Sechs auf fünftem Platz bedeutet:
Die Reue schwindet.
Der Gefährte beißt sich durch die Hülle.
Wenn man hingeht zu ihm,
wie wäre das ein Fehler?

Hier ist die Gefahr gegeben, einen hilfreichen Gefährten falsch einzuschätzen und nicht als seinen Geistesfreund anzuerkennen. Doch ein wahrer Freund läßt nicht nach, sein wahres Wesen zu zeigen. Somit ergibt sich doch noch eine gute und sehr angemessene innere Übereinkunft und Zusammenarbeit.

Oben eine Neun bedeutet:
Durch den Gegensatz vereinsamt,
sieht man seinen Gefährten
wie ein schmutzbeladenes Schwein,
wie einen Wagen voll Teufel.
Erst spannt man den Bogen nach ihm,
dann legt man den Bogen weg.
Nicht Räuber er ist, will freien zur Frist.
Beim Hingehen fällt Regen,
dann kommt Heil.

Ein Mensch ist im Begriff, eine Situation in seinem Leben vollkommen zu verkennen und falsch zu beurteilen. Seine Freunde ziehen sich von ihm zurück und erscheinen ihm jetzt als Feinde. Er spioniert ihnen nach und versucht, sie bei ihrer sogenannten Schuld zu ertappen. Doch der Irrtum klärt sich. Dieser Mensch erkennt schließlich doch alles im rechten Licht. Dadurch erlöst er nicht nur sich selbst, sondern auch alle anderen Beteiligten von der schwere Bürde des Mißverständnisses.

蹇

39. Giën / Das Hemmnis

Oben Kan, das Abgründige, das Wasser
Unten Gen, das Stillhalten, der Berg

In diesem Zeichen liegt oben das Abgründige und die Gefahr in Form des Wassers, während unten der Berg ruht und den Stillstand bedeutet. Man kann weder vorwärts noch zurück. Um aus dieser Gefahr zu entkommen, muß man es dem Berg gleichtun und zunächst stillhalten. Dies ist der Rat, den dieses Zeichen beinhaltet. Es gilt jetzt, das Hemmnis durch Geduld und Ruhe zu überwinden.

DAS URTEIL

Das Hemmnis.
Fördernd ist der Südwesten.
Nicht fördernd ist der Nordosten.
Fördernd ist es, den großen Mann zu sehen.
Beharrlichkeit ist von Heil.

Der Südwesten gilt hier als der Ort des Rückzugs, während der Nordosten den Ort der Aktion und des Voranschreitens symbolisiert. Deshalb ist es jetzt nicht vorteilhaft, in einer Lebenssituation zu schnell voranzugehen. Die dabei drohende Gefahr kann nicht direkt überwunden werden. Es geht jetzt nur über Umwege. Man braucht Zeit und die Hilfe weiser, erfahrener Freunde, die einem in dieser hinderlichen Lage zur Seite stehen. Auf diese Weise entwickelt sich alles zum Besten.

DAS BILD

Auf dem Berg ist das Wasser:
das Bild des Hemmnisses.
So wendet sich die Edle ihrer eigenen Person zu
und bildet ihren Charakter.

Eine weise Frau übernimmt die Verantwortung, die sie in einer bestimmten Situation trägt. Sie ist sich bewußt, wie sie selbst zu einer Behinderung der eigenen Kräfte beigetragen hat. Deshalb macht sie auch nicht ihr Schicksal dafür verantwortlich. Sie lernt aus ihren Fehlern und bemüht sich darum, sie nicht zu wiederholen.

DIE EINZELNEN LINIEN

Anfangs eine Sechs bedeutet:
Gehen führt in Hemmnis,
Kommen findet Lob.

Es ist günstig, den rechten Moment der Handlung geduldig abzuwarten. Jedes zu schnelle Vorwärtsdrängen führt jetzt zu noch größeren Verwicklungen und Mißverständnissen.

Sechs auf zweitem Platz bedeutet:
Des Königs Diener ist in Hemmnis über Hemmnis.
Aber es ist nicht seine Schuld.

Die Lage ist schwierig. Obwohl man auf dem rechten Weg zu sein scheint und anderen Menschen gegenüber sehr hilfsbereit ist, türmen sich die Hindernisse. Es ist klug, innerlich ruhig zu bleiben. Denn man weiß in seinem Innersten, daß man an der momentanen Entwicklung der Dinge keine Schuld trägt.

Neun auf drittem Platz bedeutet:
Gehen führt in Hemmnis,
da kommt er zurück.

Es ist günstig, sich aus einer schwieriger werdenden Lage mit Würde und Anstand zurückzuziehen. Auch die eigene Familie begrüßt diesen Entschluß mit Erleichterung und Dankbarkeit.

Sechs auf viertem Platz bedeutet:
Gehen führt in Hemmnisse,
Kommen führt zu Vereinigung.

Auch jetzt muß man auf den rechten Augenblick warten, um zu handeln und voranzugehen. Jeder Kampf gegen das Hindernis ist sinnlos und verzögert nur dessen Beseitigung. Ein Mensch, der jetzt abwarten kann, gewinnt. Wer die richtigen Gefährten um sich sammelt, um die Hemmnisse zu überwinden, hat Erfolg.

Neun auf fünftem Platz bedeutet:
Inmitten der größten Hemmnisse
kommen Freunde.

Hier ist eine Situation angesprochen, in der ein Mensch Hilfe von Gleichgesinnten und Freunden erhält. Durch die gemeinsame Anstrengung wird das Hindernis mit Leichtigkeit überwunden.

Oben eine Sechs bedeutet:
Gehen führt in Hemmnisse,
Kommen führt zu großem Heil.
Fördernd ist es,
die große Frau zu sehen.

Es geht hier um eine Frau, die über großes Wissen und tiefe Lebensweisheit verfügt und die ihren inneren Frieden gefunden hat. Indem sie ihre geistigen Einsichten mit anderen Menschen teilt, hilft sie ihnen, ihre eigene innere Wahrheit und ihren inneren Frieden zu finden. Wenn man sich nach einer tieferen Einsicht in sein Leben sehnt, ist es jetzt hilfreich, eine solche Frau aufzusuchen und von ihr zu lernen.

解

40. Hië / Die Befreiung

☳ *Oben Dschen, das Erregende, der Donner*
☵ *Unten Kan, das Abgründige, das Wasser*

Der Abgrund und das Wasser sind in diesem Zeichen unten, auf ihrem rechtmäßigem Platz, und die erregende Kraft des Donners ist oben. Somit ergänzen sich die Kräfte, und der Kreislauf schließt sich. Die Hindernisse und Schwierigkeiten lösen sich auf. Dies symbolisiert das Bild der beginnenden Befreiung.

DAS URTEIL

Die Befreiung,
fördernd ist der Südwesten.
Wenn nichts mehr da ist,
wohin man zu gehen hätte,
ist das Wiederkommen von Heil.
Wenn es noch etwas gibt,
wohin man gehen muß,
dann ist Raschheit von Heil.

Die Befreiung hat begonnen, die Lage klärt sich, wie der Regen die Luft klärt und reinigt. Verwirrungen und Hemmnisse lösen sich, und man kehrt zu einem friedlicheren und ausgeglicheneren Leben zurück. Dies ist die Bedeutung des Südwestens. Wenn es noch etwas zu klären gibt, sollte man dies rasch erledigen und es nicht lange mit sich herumtragen, da dies eine Verzögerung der befreienden Kraft bewirken würde.

DAS BILD

Donner und Regen erheben sich:
das Bild der Befreiung.
So verzeiht die Edle Fehler
und vergibt die Schuld.

Eine weise Frau vergibt anderen ihre Schuld. Sie löst damit bewußt Spannungen und Abspaltungen auf und schafft Raum für einen neuen Anfang. Diese innere Klarheit schafft Befreiung und reinigt die geistige Atmosphäre, wie ein Gewitter die Luft reinigt und von Schmutz befreit.

DIE EINZELNEN LINIEN

Anfangs eine Sechs bedeutet:
Ohne Makel.

Es gibt nichts mehr zu tun oder zu sagen. Die Schwierigkeiten sind nun endgültig überwunden. Man darf sich innerlich ausruhen und entspannen und sich seines Lebens freuen.

Neun auf zweitem Platz bedeutet:
Auf dem Feld erlegt man drei Füchse
und bekommt einen gelben Pfeil.
Beharrlichkeit ist von Heil.

Die drei Füchse sind Symbole der Falschheit und Hinterhältigkeit, mit denen man sich im öffentlichen Leben konfrontiert sieht. Um die Befreiung und Klärung einer Situation zu garantieren, müssen solche Einflüsse entlarvt werden – doch mit dem rechten Mittel. Das rechte Mittel ist der gelbe Pfeil der inneren Wahrhaftigkeit und Ehrlichkeit. Wenn man jetzt geduldig vorgeht, steht alles zum Besten.

Sechs auf drittem Platz bedeutet:
Wenn einer eine Last auf dem Rücken trägt
und trotzdem auf dem Wagen fährt,
veranlaßt er dadurch die Räuber,
herbeizukommen.
Beharrlichkeit führt zu Beschämung.

Wer sich auf einen Thron setzt, der ihm nicht gebührt, wird heruntergezogen. Wenn ein Mensch auf einem unverdienten Platz im Leben steht und damit auch noch prahlt und auf andere Menschen verachtend herabsieht, wird er diesen Platz wieder verlassen müssen. Wer mit seinem Reichtum angibt und ihn hortet, wird ihn verlieren.

Neun auf viertem Platz bedeutet:
Befreie dich von deiner großen Zehe.
Dann kommt der Gefährte herbei,
und dem kannst du trauen.

Eine Frau, die sich in falscher Gesellschaft befindet, muß jetzt den Mut haben, sich von diesen Einflüssen endgültig zu befreien. Dann kommen auch die wahren Freunde wieder herbei, mit denen sie eine gemeinsame geistige Richtung teilt.

Sechs auf fünftem Platz bedeutet:
Wenn die Edle sich nur befreien kann,
das bringt Heil.
So zeigt sie den Gemeinen,
daß es ihr ernst ist.

Eine Frau faßt ganz im stillen den Entschluß, daß sie sich von etwas Schädigendem in ihrem Leben befreien muß, und bleibt dabei konsequent. Dadurch regeln sich die Dinge auf allen Ebenen, und die äußeren Veränderungen geschehen von selbst.

Oben eine Sechs bedeutet:
Der Fürst schießt nach einem Habicht auf hoher Mauer.
Er erlegt ihn.
Alles ist fördernd.

Ein bösartiger und machtvoller Mensch versucht sich in eine Situation einzumischen und die Klärung einer Angelegenheit zu verhindern. Jetzt muß man zum richtigen Mittel greifen und den rechten Zeitpunkt abwarten, um diesen negativen Einfluß erfolgreich zu beseitigen. Dann klärt sich die Lage auf positive Weise.

損

41. SUN / DIE MINDERUNG

☶ *Oben Gen, das Stillhalten, der Berg*
☱ *Unten Dui, das Heitere, der See*

Die Minderung bedeutet in diesem Zeichen hauptsächlich die bewußte und kluge Verminderung von Exzessen. Eine Verminderung von Exzessen verhilft zu Ausgewogenheit und schafft innere und äußere Balance. Die Minderung, das Wenigerwerden, wirkt auf diese Weise als willkommene Hilfe für einen überspannten Zustand. Das Wasser des Sees, der unten liegt, verdunstet und vermindert sich und vermehrt so die Kraft des Berges, der in diesem Zeichen oben ist.

DAS URTEIL

Minderung verbunden mit Wahrhaftigkeit
wirkt erhabenes Heil ohne Makel.
Man kann darin beharrlich sein.
Fördernd ist es, etwas zu unternehmen.
Wie übt man das aus?
Zwei kleine Schüsselchen
mag man benutzen zum Opfer.

Die Einfachheit, die durch eine bewußte Verminderung entsteht, ist positiv zu werten. Sie bringt die innere Wahrheit und Weisheit des Menschen ans Licht. Eine wahre Verminderung bedeutet in Wirklichkeit eine Bereicherung der geistigen Ebene. Es ist von großem Nutzen, diesen Pfad weiterzuverfolgen. Die beiden Schüsselchen symbolisieren innere Stärke und Flexibilität. Die Schlichtheit des äußeren Gewandes ist kein Spiegel für den inneren Wert eines Menschen.

DAS BILD

Unten am Berg ist der See; das Bild der Minderung.
So bändigt der Edle seinen Zorn
und hemmt seine Triebe.

Das Wasser des Sees verdunstet, und der Berg wird durch die Feuchtigkeit des Sees bereichert. Der Berg gilt als Bild der eigenwilligen Kraft, die auch in Zorn ausarten kann, während der See für leidenschaftliche und auch oft blinde Gefühle steht. Ein Mensch wird dazu angehalten, seine unbewußten Triebe und allzu überschwenglichen Gefühle zugunsten feinerer Schwingungen zu zähmen und zu bändigen.

DIE EINZELNEN LINIEN

Anfangs eine Neun bedeutet:
Wenn die Geschäfte fertig sind,
rasch hingehen ist kein Makel.
Doch muß man überlegen,
wie weit man andere mindern darf.

Nachdem man seine eigenen Arbeiten erledigt hat, ist es menschlich, auch anderen weiterzuhelfen. Doch für den Menschen, dem geholfen wird, ist es wichtig, zu erkennen, wieviel Hilfe er von anderen annehmen darf, ohne diese zu schädigen oder sich ihnen zu sehr zu verpflichten.

Neun auf zweitem Platz bedeutet:
Fördernd ist Beharrlichkeit.
Etwas zu unternehmen
ist von Unheil.
Ohne sich selbst zu mindern,
vermag man die anderen zu mehren.

Um anderen Menschen wirklich zu dienen, muß man sich innerlich selbst treu bleiben und darf sich nicht verkaufen. Diese Art der Arbeit hat nur dann einen wahren Wert für die Menschen, wenn sie mit Selbstbewußtsein und innerer Geradlinigkeit und Offenheit verrichtet wird.

Sechs auf drittem Platz bedeutet:
Wenn drei Menschen miteinander wandern,
so vermindern sie sich um einen Menschen.
Wenn ein Mensch wandert,
findet er seinen Gefährten.

In einer Situation, in die drei Menschen involviert sind, entsteht oft das Gefühl der Eifersucht. Es ist in diesem Fall für alle Beteiligten besser, das Dreieck aufzulösen und einen gehen zu lassen. Dieser Mensch findet ganz von selbst seinen passenden Partner.

Sechs auf viertem Platz bedeutet:
Wenn man seine Mängel mindert,
macht man,
daß der andre eilig kommt und Freude hat.
Kein Makel.

Sobald man sich von falscher Gesellschaft löst, kommen auch die wahren Freunde wieder herbei. Sobald man von unangenehmen Gewohnheiten abläßt, vermehrt und vergrößert sich der Freundeskreis.

Sechs auf fünftem Platz bedeutet:
Es mehrt ihn wohl jemand.
Zehn Paar Schildkröten
können dem nicht widerstreben.
Erhabenes Heil!

Hier manifestiert sich ein gesegneter Zustand höherer Fügung. Die Schildkröten als Glückszeichen stehen für überaus begünstigte Umstände im Leben. Dieses Glück soll jetzt auch genossen werden.

Oben eine Neun bedeutet:
Wenn man ohne Minderung der anderen gemehrt wird,
so ist das kein Makel.
Beharrlichkeit bringt Heil.
Fördernd ist es, etwas zu unternehmen.
Man bekommt Diener,
aber hat kein besonderes Heim mehr.

Eine Frau bekommt alles, was sie zum Leben braucht, ohne anderen etwas wegzunehmen. Sie lebt ihr Leben in Offenheit, Hilfsbereitschaft und wahrer Herzensgüte. Ihr Dasein wirkt sich auf diese Weise zum Segen aller Menschen in ihrem Umfeld aus. Somit verwandelt sich die anfängliche Minderung zur echten Mehrung, die alle mit einschließt und beschenkt.

益

42. I / Die Mehrung

䷩ *Oben Sun, das Sanfte, der Wind*
Unten Dschen, das Erregende, der Donner

Die Energie des Sanften wird in diesem Zeichen durch die aufsteigende, starke Kraft des erregenden Elements, des Donners, vermehrt. So stellt sich das Starke unter das Schwache und unterstützt es mit seiner Kraft. Damit manifestiert sich die starke, herrschende Kraft in einem selbstlosen Akt des Dienens. Dieser Umstand bedeutet wahre Mehrung.

DAS URTEIL

Die Mehrung.
Fördernd ist es, etwas zu unternehmen.
Fördernd ist es,
das große Wasser zu durchqueren.

Der Augenblick ist günstig. Es ist klug, diese Zeit der Mehrung zu nutzen und nicht einfach verstreichen zu lassen, da sie nicht lange andauern kann. Jetzt besitzt man die Kraft etwas zu vollbringen oder etwas zu beginnen, was vorher unmöglich schien.

DAS BILD

Wind und Donner: das Bild der Mehrung.
So die Edle:
Sieht sie Gutes, so ahmt sie es nach,
hat sie Fehler,
so legt sie sie ab.

Wind und Donner unterstützen einander und vermehren somit gegenseitig ihre Kraft. So nährt und unterstützt auch eine weise Frau bewußt ihre guten Eigenschaften und läßt von den unguten und schädigenden Impulsen und Gedanken ab.

DIE EINZELNEN LINIEN

Anfangs eine Neun bedeutet:
Fördernd ist es, große Taten zu vollbringen.
Erhabenes Heil!
Kein Makel.

Wenn einen das Leben mit großer Kraft und Ausdauer beschenkt, soll man diese Kraft dazu nutzen, etwas Gutes zu vollbringen und andere Menschen zu fördern. Solch ein Akt der liebevollen und selbstlosen Menschlichkeit trägt immer den Segen des Himmels in sich.

Sechs auf zweitem Platz bedeutet:
Es mehrt ihn wohl jemand.
Zehn Paar Schildkröten können dem nicht widerstreben.
Dauernde Beharrlichkeit bringt Heil.
Der König stellt ihn dar vor Gott.
Heil!

Sobald man sein Herz dem Guten öffnet, fließt die Kraft des Lebens von allen Seiten auf einen zu. Man darf durch dieses Glücksgefühl jedoch nicht leichtsinnig werden, sondern muß es durch geistige Beständigkeit und innere Hingabe weiter nähren. Ein Mensch, der gelernt hat, der Stimme seines Wesens zu folgen, bleibt auf dem rechten Weg und erfährt die Gnade der göttlichen Kraft, die alles im Leben begleitet und beschützt.

Sechs auf drittem Platz bedeutet:
Man wird gemehrt durch unheilvolle Ereignisse.
Kein Makel, wenn du wahrhaftig bist
und in der Mitte wandelst
und dem Fürsten berichtest
mit einem Siegel.

Selbst in schwierigen Zeiten hat man noch Glück und die innere Kraft, seinen Weg zu gehen, ohne sich selbst untreu zu werden. Indem man sich immer wieder bewußt an die höhere Instanz in sich selbst erinnert, bleibt man frei von Fehlern.

Sechs auf viertem Platz bedeutet:
Wenn du in der Mitte wandelst
und dem Fürsten berichtest,
so wird er folgen.
Fördernd ist es, benutzt zu werden
bei der Verlegung der Hauptstadt.

Es ist jetzt wichtig, die innere Balance zu wahren, keine Vorurteile zu hegen und zu versuchen, weise zwischen den sich streitenden Parteien zu vermitteln. Damit gewinnt man das Vertrauen aller Beteiligten und kann der ganzen Angelegenheit schließlich zu einem segensreichen Abschluß verhelfen.

Neun auf fünftem Platz bedeutet:
Wenn du wahrhaftig ein gütiges Herz hast,
so frage nicht.
Erhabenes Heil!
Wahrhaftig wird Güte
als deine Tugend anerkannt werden.

Wahre Güte braucht keine Bestätigungen von außen. Sie entspringt einem verständigen und liebevollen Herzen und wirkt sich ganz selbstverständlich und ohne Mühen auf alles im Leben positiv aus.

Oben eine Neun bedeutet:
Es gereicht niemand zur Mehrung.
Es schlägt ihn wohl gar jemand.
Er hält sein Herz nicht dauernd fest.
Unheil!

Wer seine Kraft mißbraucht und sie nicht auf rechte Weise zum Guten einsetzt, schadet nicht nur sich selbst, sondern auch anderen Menschen. Ein weiser Mensch besinnt sich ruhig, bevor er etwas unternimmt. Er wägt seine Kräfte und Absichten ab und nutzt sie entsprechend, ohne andere Menschen damit zu verletzen. Wenn man etwas bekommen will, muß man zuerst etwas geben. Wenn Worte Sinn machen und von anderen wohlwollend aufgenommen werden sollen, müssen sie liebevoll und in aller Ruhe ausgesprochen werden. Ein Mensch, der seinem wahren Wesen untreu wird, fühlt sich innerlich verlassen und zieht Unheil auf sich.

夬

43. Guai / Der Durchbruch (Die Entschlossenheit)

䷪ *Oben Dui, das Heitere, der See*
Unten Kiën, das Schöpferische, der Himmel

Der Durchbruch der schöpferischen Kraft steht kurz bevor. Der See ist über den Himmel gestiegen, ein Wolkenbruch naht. Die Kraft des Durchbruchs ist dieselbe wie die des Wolkenbruchs. Auf menschliche Verhältnisse bezogen bedeutet dies eine Zeit der absoluten Entschlossenheit und der zunehmenden Stärke, das Gute und Richtige im Leben zu tun.

DAS URTEIL

Der Durchbruch.
Entschlossen muß man am Hof des Königs
die Sache bekannt machen.
Der Wahrheit gemäß muß sie verkündet werden.
Gefahr!
Man muß seine eigene Stadt benachrichtigen.
Nicht fördernd ist es, zu den Waffen zu greifen.
Fördernd ist es,
etwas zu unternehmen.

Um das Gute zu fördern, muß man seine Meinung positiv und mit innerer Überzeugung klar formulieren und nicht davon abweichen. Man soll jetzt keinen Kompromiß schließen, wobei auch die eigenen Fehler beachtet werden müssen. Es darf jetzt weder zu Kampf noch zu Gewalt kommen. Der beste Weg, um ungute Elemente zu bezwingen, ist die unablässige Förderung des Guten durch Freundlichkeit und innere Stärke.

DAS BILD

Der See ist an den Himmel emporgestiegen:
das Bild des Durchbruchs.
So spendet die Edle Reichtum nach unten hin
und scheut es,
bei ihrer Tugend zu verweilen.

Eine weise Frau beugt dem Zusammenbruch einer Situation vor, indem sie ihren Reichtum und ihre Güter freiwillig mit anderen Menschen teilt. Sie versteift sich nicht auf eine rigide Position, sondern prüft sich immer wieder selbst. Da sich alles, was sich angesammelt hat, auch wieder zerstreuen muß, teilt ein kluger Mensch seinen Reichtum bereits während der Ansammlung und nicht erst, wenn die Auflösung von selbst einsetzt.

DIE EINZELNEN LINIEN

Anfangs eine Neun bedeutet:
Mächtig in den vorwärtsschreitenden Zehen.
Geht man hin und ist der Sache nicht gewachsen,
so macht man einen Fehler.

Wenn der Widerstand am Anfang noch zu groß ist und einen Durchbruch verhindert, soll man sich beizeiten zurückziehen. Man darf seine Kräfte jetzt auf keinen Fall vergeuden, sonst erlebt man einen Rückschlag.

Neun auf zweitem Platz bedeutet:
Alarmruf.
Abends und nachts Waffen.
Fürchte nichts.

Vorsicht und innere Bereitschaft sind notwendig, um diese Lage zu klären. Durch Besonnenheit und Einfühlungsvermögen die Dinge zu erspüren, die unter der Oberfläche liegen und noch nicht sichtbar sind, ist jetzt sehr hilfreich.

Neun auf drittem Platz bedeutet:
Mächtig in den Backenknochen zu sein bringt Unheil.
Der Edle ist fest entschlossen.
Er wandert einsam und kommt in den Regen.
Er wird bespritzt und man murrt wider ihn.
Kein Makel.

Die Situation ist verworren. Auf der einen Seite muß man sich mit Menschen abgeben, die durch ihre Art nicht zu einem passen, auf der anderen Seite ist man von ihnen noch abhängig. Deshalb besteht die Gefahr, von Freunden mißverstanden zu werden. Man muß einen Weg finden, sich von den Machenschaften dieser Leute fernzuhalten, ohne sie zu verärgern. Trotz der möglichen inneren Einsamkeit, die diese Lage mit sich bringt, muß man sich innerlich treu bleiben.

Neun auf viertem Platz bedeutet:
An den Oberschenkeln ist keine Haut,
und das Gehen fällt schwer.
Ließe man sich führen wie ein Schaf,
so würde die Reue schwinden.
Wenn man aber diese Worte hört,
so wird man sie nicht glauben.

Ein Mensch, der in dieser Lage eigensinnig bleibt und seinen Willen gegen jede Vernunft durchsetzen will, hat keinen Erfolg. Seine innere Unruhe verstärkt sich. Der Konflikt verdichtet sich. Die Hindernisse türmen sich. Weil er nicht auf gute Ratschläge hören will, zeigt sich im Moment auch keine Lösung der Situation.

Neun auf fünftem Platz bedeutet:
Dem Unkraut gegenüber
braucht es feste Entschlossenheit.
In der Mitte wandeln
bleibt frei von Makel.

Um negative Einflüsse zu entkräften, braucht es jetzt absolute Entschlossenheit. Man darf an dieser Stelle den Kampf nicht aufgegeben, sondern muß sich selbst treu zur Seite stehen und sich nicht von seinem Weg abbringen lassen. Nur so bleibt man frei von Schuld.

Oben eine Sechs bedeutet:
Kein Ruf!
Schließlich kommt Unheil.

Es ist jetzt notwendig, die eigene Negativität und den eigenen inneren Pessimismus dem Leben gegenüber zu erkennen und zu beobachten. Die Beseitigung dieser Form von Negativität ist nur durch ein klares Bewußtsein möglich. Wenn man die dunklen Triebe nicht erkennt und sie unbeachtet und damit unbewußt auslebt, verstärkt sich dadurch ihre Kraft.

姤

44. Gou / Das Entgegenkommen

䷫ *Oben Kiën, das Schöpferische, der Himmel*
Unten Sun, das Sanfte, der Wind

Sun, das Sanfte, ist unten und dringt nun langsam zur schöpferischen Kraft des Himmels vor. Es ist das Bild des Entgegenkommens. Unter fünf starken Linien liegt ein gebrochener Strich. Die Sanftheit des Weiblichen steigt auf diesem Weg unablässig zu der männlichen Kraft des Schöpferischen auf, um sich mit ihr zu vereinigen. Doch Vorsicht ist geboten, da damit auch die dunkle Kraft im Aufsteigen begriffen ist.

DAS URTEIL

Das Entgegenkommen.
Das Mädchen ist mächtig.
Man soll
ein solches Mädchen nicht heiraten.

Man darf die Kraft einer jungen Frau nicht unterbewerten, wenn sie andere Menschen durch ihre angebliche Hilflosigkeit manipulieren will. Manipulation in Form von hilflosem Benehmen bezeugt keinesfalls wahre Hilflosigkeit. Gerade das sogenannte »Schwache« schafft es spielerisch, das Starke durch das Einflößen von Schuldgefühlen zu manipulieren. Ein echtes gegenseitiges Entgegenkommen muß in Ausgewogenheit und Freiheit stattfinden und darf nicht durch falsches Mitleid oder heimliche Hintergedanken beeinträchtigt werden.

DAS BILD

Unter dem Himmel ist der Wind:
das Bild des Entgegenkommens.
So macht es der Fürst beim Verbreiten seiner Befehle
und ihrer Verkündigung
an die vier Himmelsrichtungen.

Der Himmel steht zwar über der Welt, aber es ist der Wind, der den Himmel und die Erde bewegt und zusammenbringt. So steht auch ein hochgestellter Mensch durch seine innere Autorität und seinen Weitblick über den Dingen der Welt, doch seine Ideen und Ratschläge zeigen die erwartete Wirkungskraft in der Gesellschaft.

DIE EINZELNEN LINIEN

Anfangs eine Sechs bedeutet:
Man muß es hemmen mit ehernem Radschuh.
Beharrlichkeit ist von Heil.
Wenn man es hingehen läßt,
so erfährt man Unheil.
Auch ein mageres Schwein
hat die Anlage dazu, umherzutoben.

Einen bestimmten Einfluß im Leben, der zunächst nicht negativ oder gar übel erscheint, darf man jetzt nicht zu leicht nehmen. Die wahre Natur einer Sache läßt sich nicht mehr verleugnen. Man darf das Übel nicht Fuß fassen lassen. Deshalb ist weise, zu handeln, bevor es zu spät ist.

Neun auf zweitem Platz bedeutet:
Im Behälter ist ein Fisch. Kein Makel!
Nicht fördernd für Gäste.

Ein negativer Einfluß muß durch Freundlichkeit kontrolliert und in seinem Rahmen gehalten werden. Es ist ungünstig, wenn sich die Kraft noch weiter ausdehnt und dann noch mehr Menschen mit einbezieht. Deshalb ist es ratsam, diese mögliche Entwicklung auf sanfte Art zu verhindern.

Neun auf drittem Platz bedeutet:
An den Oberschenkeln ist keine Haut,
und das Gehen fällt schwer.
Wenn man der Gefahr eingedenk ist,
macht man keinen großen Fehler.

Es wird eine Versuchung an einen herangetragen, der man gerne nachgeben würde. Doch man wird zum Glück durch äußere Umstände daran gehindert. Sobald man sich der Gefahr bewußt wird, in der man sich befindet, wendet sich alles noch zum Guten.

Neun auf viertem Platz bedeutet:
Im Behälter ist kein Fisch.
Daraus erhebt sich Unheil.

Man darf sich jetzt niemanden zum Feind machen und keine Brücken zur Vergangenheit achtlos niederschlagen oder hinter sich verbrennen. Es ist jetzt besser, die widrigen Umstände noch etwas zu erdulden als einen endgültigen Schlußstrich zu ziehen.

Neun auf fünftem Platz bedeutet:
Mit Weidenblättern bedeckte Melone;
verborgene Linien.
Da fällt es einem vom Himmel herunter zu.

Der Fisch wie auch die Melone sind Bilder des dunklen Prinzips. Sie verderben leicht, deshalb muß man sie mit Weidenblättern bedecken. Ein Treffen oder Zusammenkommen wird durch einen starken und weisen Menschen günstig beeinflußt.

Oben eine Neun bedeutet:
Er kommt mit seinen Hörnern entgegen.
Beschämung. Kein Makel.

Oft werden Menschen, die es sich nach langer Arbeit leisten können, sich aus dem Getriebe der Welt zurückzuziehen, als stolz und unzugänglich empfunden und auch so bezeichnet. Doch solche Vorurteile ertragen diese mit Fassung, da sie wissen, daß ihre Arbeit in der Welt vollendet ist.

萃

45. Tsui / Die Sammlung

䷬ *Oben Dui, das Heitere, der See*
Unten Kun, das Empfangende, die Erde

Der See ruht in diesem Zeichen über der Erde und sammelt das Wasser. Die Erde, die empfangende Kraft von Kun, gibt dem See einen sicheren Boden, um das Wasser zu sammeln. Damit verstärkt sich die Kraft des Wassers auf natürliche Weise und füllt den See.

DAS URTEIL

Die Sammlung. Gelingen.
Der König naht sich seinem Tempel.
Fördernd ist es, den großen Mann zu sehen.
Das bringt Gelingen.
Fördernd ist Beharrlichkeit.
Große Opfer zu bringen schafft Heil.
Fördernd ist es, etwas zu unternehmen.

Es bedarf eines weisen Menschen, um Gleichgesinnte zu versammeln. Um gleichgesinnte Menschen um sich zu versammeln, bedarf es auch einer gemeinsamen geistigen Vision. So ein Mensch fungiert für andere als geistiger Mittelpunkt. Er ist das Zentrum, welches wie ein Magnet wirkt, um das sich die Menschen freiwillig sammeln können. Nur wenn sich die inneren Kräfte des Menschen auf harmonische Weise vereinigen, kann er Großes im Leben vollbringen.

DAS BILD

Der See ist oberhalb der Erde:
das Bild der Sammlung.
So erneuert der Edle seine Waffen,
um Unvorhergesehenem zu begegnen.

Bei jeder Art der Ansammlung sind Unruhen und Chaos möglich. Ganz egal, ob es sich um Menschen oder um Reichtümer handelt. Wo sich zu viele Menschen sammeln, gibt es leicht Streit, wo sich zu viele Güter häufen, folgt Diebstahl. Es gilt jetzt, vorsichtig zu sein und die weitere Entwicklung der Situation zu beobachten. Dann wird man auch unerwarteten Schicksalschlägen bewußter begegnen.

DIE EINZELNEN LINIEN

Anfangs eine Sechs bedeutet:
Wenn du wahrhaftig bist,
jedoch nicht bis zum Ende,
so gibt es bald Verwirrung, bald Sammlung.
Wenn du rufst,
so kannst du nach einem Griff wieder lachen.
Bedaure nichts.
Hingehen ist ohne Makel.

Man sucht Hilfe von außen. Doch ein Mensch, der innerlich verwirrt und wankelmütig ist, besitzt nicht die Klarheit, um die richtige Hilfe zu finden. Sobald ihm dies bewußt wird, beginnt er sich selbst von den störenden Einflüssen zu befreien. In diesem Augenblick findet er die rechte Hilfe.

Sechs auf zweitem Platz bedeutet:
Sich ziehen lassen bringt Heil und bleibt ohne Makel.
Wenn man wahrhaftig ist,
ist es auch fördernd,
ein kleines Opfer zu bringen.

Die spirituelle Verwandtschaft mit anderen Menschen tritt hier klar zutage. Man wird auf mysteriöse Weise zusammengeführt und spürt sofort ohne jeden Zweifel, wer zu einem gehört und mit wem man dieselbe geistige Übereinstimmung und dieselbe innere Richtung teilt.

Sechs auf drittem Platz bedeutet:
Sammlung unter Seufzen.
Nichts, das fördernd wäre.
Hingehen ist ohne Makel.
Keine Beschämung.

Man fühlt sich ausgeschlossen aus einem Kreis von gleichgesinnten Menschen, weil man den rechten Anschluß verpaßt hat. Doch man braucht deshalb nicht zu verzweifeln. Es kommt Hilfe, und man wird doch noch aufgenommen. Obwohl man sich zunächst vielleicht als Außenseiter fühlt, entwickelt sich mit der Zeit alles zum Besten.

Neun auf viertem Platz bedeutet:
Großes Heil! Kein Makel.

Einem Menschen, dem nicht nur sein eigenes Wohlergehen, sondern auch das Wohl anderer Menschen am Herzen liegt, hilft das Leben. Seine Arbeit ist gesegnet und bringt den verdienten Erfolg.

Neun auf fünftem Platz bedeutet:
Wenn man beim Sammeln die Stellung hat,
so gibt es keinen Makel.
Wenn manche noch nicht wahrhaft dabei sind,
so bedarf es erhabener, dauernder Beharrlichkeit,
dann schwindet die Reue.

Wenn sich Menschen ganz von selbst um einen sammeln und zusammenkommen, so ist dies ein sehr positives Zeichen. Aber solange die Menschen noch mißtrauisch sind, bedarf es der beständigen Treue und Ausdauer, um ihr Vertrauen zu gewinnen. Dann schwindet auch jede Form des Bedauerns und der Reue.

Oben eine Sechs bedeutet:
Klagen und Seufzen, Tränen in Strömen.
Kein Makel.

Das Gefühl, etwas Wichtiges versäumt oder gar verloren zu haben, weil man in seinen wahren Absichten verkannt wurde, ist überwältigend. Doch es kommt Hilfe. Die Gesinnung eines nahestehenden Menschen verändert sich durch diese schmerzliche Situation, und man findet schließlich doch noch den rechten Anschluß.

升

46. Schong / Das Empordringen

䷭ *Oben Kun, das Empfangende, die Erde*
Unten Sun, das Sanfte, das Holz

Der Fokus liegt bei diesem Zeichen auf dem sanften Empordringen des Holzes durch die Dunkelheit der Erde zum Licht. Dieses Emporwachsen ist, auf die menschliche Ebene bezogen, mit einer gewissen Anstrengung des Willens verbunden, die Arbeit und Zielstrebigkeit verlangt. Die Entwicklung verläuft dementsprechend von einer niederen Position, auf eine machtvollere, höhere Ebene.

DAS URTEIL

Das Empordringen hat erhabenes Gelingen.
Man muß den großen Mann sehen.
Fürchte dich nicht!
Aufbruch nach Süden bringt Heil.

Es ist günstig, sich an die Arbeit zu machen und durch Bescheidenheit und Geduld seinem Ziel näherzukommen. Es ist hilfreich, die richtigen Leute um Beistand zu bitten. So kann der Erfolg nicht ausbleiben. Denn das rechte Empordringen, die rechte Tätigkeit, die hier durch den Süden angezeigt wird, bringt Heil.

DAS BILD

Inmitten der Erde wächst das Holz:
das Bild des Empordringens.
So häuft die Edle hingebenden Wesens Kleines,
um es zu Hohem und Großem zu bringen.

Das Holz wächst in der Dunkelheit durch die Erde und vermeidet doch alle Hindernisse. So verhält sich auch eine weise Frau. Sie vermeidet alle unnötigen Konfrontationen und Diskussionen und zieht dadurch keine Aufmerksamkeit auf sich. Sie arbeitet ganz im stillen und schafft somit ein großes Werk.

DIE EINZELNEN LINIEN

Anfangs eine Sechs bedeutet:
Empordringen, das Zutrauen findet,
bringt großes Heil.

Alles, was empordringt, findet die Kraft dazu in seinen Wurzeln. So findet auch der Mensch die Kraft zum Empordringen in seinem innersten Wesen, seiner eigenen Seele. Was immer sich in der äußeren Welt manifestiert, ist bereits im Keim verborgen.

Neun auf zweitem Platz bedeutet:
Wenn man wahrhaftig ist,
so ist es auch fördernd,
ein kleines Opfer zu bringen.
Kein Makel.

Ein Mensch, der aufrichtig und ehrlich mit sich selbst und anderen ist, findet auch das rechte Entgegenkommen, er findet Hilfe auf seinem Weg. Sein Streben und Empordringen auf eine höhere Ebene des Daseins ist makellos und damit von Segen begleitet.

Neun auf drittem Platz bedeutet:
Man dringt empor in eine leere Stadt.

Es sind im Augenblick fast keine Widerstände vorhanden. Deshalb soll man diese Zeit so schnell wie möglich nutzen und den Erfolg dankbar willkommen heißen.

Sechs auf viertem Platz bedeutet:
Der König bringt in dem Berg Ki dar.
Heil. Kein Makel.

Dieses Zeichen erinnert an die Zeiten der Dschou-Dynastie. Die Freunde und Helfer König Wens wurden durch die Götter des Berges Ki gesegnet und erhielten damit ihren Platz in den Ahnenhallen. Auf die heutige Zeit bezogen bedeutet dieses Zeichen, daß man zu verdientem Ruhm und Erfolg gelangt und die Früchte seiner Arbeit genießen darf.

Sechs auf fünftem Platz bedeutet:
Beharrlichkeit bringt Heil.
Man dringt empor auf Stufen.

Der Rausch des Erfolges darf nicht betäubend wirken. Es ist jetzt sehr wichtig, bewußt und innerlich wach zu bleiben. Es ist ratsam, die Stufen zu diesem Erfolg nicht zu überstürzen und jeden Schritt auf dem Weg zum Ziel zu genießen.

Oben eine Sechs bedeutet:
Empordringen im Dunkeln.
Fördernd ist es,
unablässig beharrlich zu sein.

Ein blindes Empordringen kann nicht von Erfolg begleitet sein. Es ist jetzt vorteilhafter, langsam und bedächtig vorzugehen und den inneren Drang, alles auf die Schnelle erreichen zu wollen, geduldig und mit innerem Abstand zu beobachten.

困

47. Kun / Die Bedrängnis (Die Erschöpfung)

䷮ *Oben Dui, das Heitere, der See*
Unten Kan, das Abgründige, das Wasser

Das Abgründige, das Wasser, liegt unter dem See. Der See hat sich erschöpft. Er kann sein Wasser nicht halten, da er keinen festen Grund mehr besitzt, auf dem es sich sammeln kann. Es vermengt sich mit dem Abgründigen unter sich und verliert dadurch seine Form. Dies ist das Bild der Bedrängnis und der nahenden Erschöpfung der Kräfte.

DAS URTEIL

Die Bedrängnis. Gelingen. Beharrlichkeit.
Der große Mann wirkt Heil.
Kein Makel.
Wenn man etwas zu sagen hat,
wird es nicht geglaubt.

Ein innerlich stabiler und in seiner Mitte ruhender Mensch wird auch in Zeiten der Not und Bedrängnis das Beste aus jeder Situation machen. Es ist für ihn günstiger, sich ruhig zu verhalten und keine großen Worte der Erklärung zu liefern, da diese im Augenblick weder gehört noch richtig verstanden werden können. Erfolg kommt durch die innere Gewißheit, trotz aller Schwierigkeiten innerlich über der Situation zu stehen.

DAS BILD

Im See ist kein Wasser: das Bild der Erschöpfung.
So setzt die Edle ihr Leben daran,
um ihrem Willen zu folgen.

Eine weise Frau läßt sich trotz kräftezehrender und erschöpfender Lebensumstände innerlich nicht ins Wanken bringen.

Sie bleibt sich selbst treu und überwindet auf diese Weise mit der Zeit auch alle äußeren Schwierigkeiten.

DIE EINZELNEN LINIEN

Anfangs eine Sechs bedeutet:
Man sitzt bedrängt unter einem kahlen Baum
und gerät in ein finsteres Tal.
Drei Jahre lang sieht man nichts.

Geistige wie auch körperliche Erschöpfung bringt Gefühle der Hoffnungslosigkeit und Vergeblichkeit mit sich. Dann sitzt man fest wie in einem dunklen Tal. In einem solchen Zustand erwacht keine neue Einsicht. Es ist jetzt ratsam, innere Ruhe zu finden, um den Lebenskräften die Chance zu geben, sich wieder zu sammeln.

Neun auf zweitem Platz bedeutet:
Man ist bedrängt bei Wein und Speisen.
Der Mann mit den scharlachroten Kniebinden kommt eben.
Fördernd ist es, Opfer darzubringen.
Aufbrechen ist von Unheil.
Kein Makel.

Äußerlich scheint alles in Ordnung, doch innerlich fühlt man sich vom Alltag ausgelaugt und erschöpft. Doch es kommt Hilfe aus einer unerwarteten Richtung. (In China trugen die Fürsten scharlachrote Kniebinden.) Trotzdem muß man die inneren Schwierigkeiten und Probleme zuerst selbst mit Verständnis und Geduld lösen. Von neuen Unternehmungen wird in einer solchen Lage jedoch dringend abgeraten.

Sechs auf drittem Platz bedeutet:
Man läßt sich bedrängen durch Stein
und stützt sich auf Dornen und Disteln.
Man geht in sein Haus und sieht nicht seine Frau.
Unheil!

Wenn man sich von etwas bedrängen läßt, das einen eigentlich nicht beunruhigen sollte, bringt man sich selbst in Schwierigkeiten und Not. Wenn man sich auf etwas verläßt, das unverläßlich ist, muß man die Verantwortung dafür tragen. Das Nichterkennen oder Nichtwahrhabenwollen einer wichtigen Situation im Leben birgt große Gefahren in sich.

Neun auf viertem Platz bedeutet:
Er kommt ganz sachte, bedrängt in einem goldnen Wagen.
Beschämung,
aber man kommt zu Ende.

Die nötige Hilfe kommt am Anfang zu zögernd. Ein wohlwollend gesinnter Mensch, der die Macht hat zu helfen, setzt seine Kräfte leider nicht schnell genug ein. Er stößt auf Hindernisse aus den eigenen Kreisen. Daher kommt es zu Reue und Verwirrung. Doch schließlich gewinnt die Situation wieder an Gleichgewicht und erreicht einen positiven Ausgang.

Neun auf fünftem Platz bedeutet:
Es werden ihm Nase und Füße abgeschnitten.
Man ist bedrängt von dem in purpurnen Kniebinden.
Sachte kommt die Freude.
Fördernd ist es,
Opfer und Spenden zu bringen.

Einem Menschen, der helfen will und dem das Wohl der anderen am Herzen liegt, werden Hindernisse in den Weg gestellt. Selbst die Leute, die ihn unterstützen sollten, wenden sich von ihm ab. Der Mensch muß in dieser bitteren Lage auf sich selbst vertrauen und darf den Kampf nicht aufgeben. Er muß jetzt die höheren Kräfte des Lebens in seinen Gebeten um Hilfe bitten. Dann entwickelt sich alles zum Guten hin.

Oben eine Sechs bedeutet:
Er ist bedrängt von Ranken.
Er bewegt sich unsicher und spricht,
»Bewegung schafft Reue«.
Wenn man darüber Reue empfindet und sich aufmacht,
so hat man Heil.

Die Erschöpfung weicht langsam, und das Gefühl des Bedrängtseins wird weniger. Doch man ist sich noch unschlüssig, was zu tun ist. Langsam kehrt auch die innere Zuversicht wieder, und man läßt die Erinnerung an den Zustand der Bedrängnis innerlich los.

井

48. Dsing / Der Brunnen

䷯ *Oben Kan, das Abgründige, das Wasser*
Unten Sun, das Sanfte, der Wind, das Holz

Das Holz liegt in diesem Zeichen unter dem Wasser. Das Holz wächst seiner Natur gemäß, nach oben und nach unten. Zuerst bildet es Wurzeln und holt das Wasser empor. Dann erst wächst der Baum nach oben. Ohne Wasser und Brunnen gäbe es kein Leben. Ein Brunnen bietet den Menschen Zugang zu einer ihrer wichtigsten Nahrungsquellen: dem Wasser. Das Wasser der Quelle, die den Brunnen speist, ist deshalb ein Symbol der ewigen Lebenskraft.

DAS URTEIL

Der Brunnen.
Man mag die Stadt wechseln,
aber kann nicht den Brunnen wechseln.
Er nimmt nicht ab und nimmt nicht zu.
Sie kommen und gehen und schöpfen aus dem Brunnen.
Wenn man beinahe das Brunnenwasser erreicht hat,
aber noch nicht mit dem Seil drunten ist
oder seinen Krug zerbricht,
so bringt das Unheil.

Im alten China wurden manchmal ganze Städte abgebaut und an einen anderen Ort verlegt. Die Häuser konnte man mitnehmen, aber nicht die Brunnen. Die alten Brunnen blieben zurück, und man mußte am nächsten Ort neue Quellen für neue Brunnen finden. Wenn ein Krug durch Unachtsamkeit zerbrach, war das als Warnung zu deuten. Auf unsere heutige Zeit bezogen bedeutet dies, daß die Lebensquellen überall vorhanden sind, doch man manchmal nach ihnen suchen und sie vor allem auch pflegen und rein halten muß, wenn man sie nutzen will. Wenn man die eigene Lebensquelle nicht erkennt und deshalb nicht ehrt und pflegt, entsteht Unheil.

DAS BILD

Über dem Holz ist Wasser:
das Bild des Brunnens.
So ermuntert die Edle das Volk bei der Arbeit
und ermahnt es,
einander zu helfen.

Wie das Wasser dem Holz bei seinem Wachstum hilft, so hilft auch eine edle Frau anderen Menschen bei ihrer Arbeit und erinnert sie immer wieder daran, einander beizustehen. Solch ein Verhalten bewirkt Wohlwollen und Harmonie.

DIE EINZELNEN LINIEN

Anfangs eine Sechs bedeutet:
Der Schlamm des Brunnens wird nicht getrunken.
Zu einem alten Brunnen
kommen keine Tiere.

Ein Mensch, der seine innere Lebensquelle nicht liebt und pflegt, versinkt in Unbewußtheit. Ein Mensch, der seine Seele nicht spürt und der sich innerlich immer wieder verleugnet, hat weder sich selbst noch anderen etwas zu geben.

Neun auf zweitem Platz bedeutet:
Am Brunnenloch schießt man Fische.
Der Krug ist zerbrochen und rinnt.

Das Wasser ist gut, doch man trinkt nicht davon. Man nutzt seine eigenen Kräfte nicht. Auch die Fische, die man vielleicht fängt, können nicht aufbewahrt werden, da der Krug zerbrochen ist. Ein Mensch, der seine innere Lebensquelle und seine eigenen Fähigkeiten nicht erkennt oder nicht wahrhaben will, leidet und kann auch im Leben nichts leisten.

Neun auf drittem Platz bedeutet:
Der Brunnen ist gereinigt,
aber man trinkt nicht daraus.
Das ist meines Herzens Leid;
denn man könnte daraus schöpfen.
Wäre der König klar,
so genösse man gemeinsames Glück.

Hier wird das Schicksal eines Menschen beschrieben, der wohl alle Begabungen und Qualifikationen besitzt, dessen Fähigkeiten aber nicht genutzt und gebraucht werden. Dieser momentane Umstand bringt ihm großes Leid. Hilfe kann in einer derartigen Situation nur von einer höheren Dimension des Lebens kommen. Dann entwickelt sich alles zum Besten.

Sechs auf viertem Platz bedeutet:
Der Brunnen wird ausgemauert,
kein Makel.

Es ist hier eine Zeitperiode angedeutet, in der man innerlich an sich selbst arbeiten muß. Dann fließen auch die Energien wieder klar und stark und man ist imstande, doppelt soviel zu leisten wie zuvor.

Neun auf fünftem Platz bedeutet:
Im Brunnen ist ein klarer, kühler Quell,
den man trinken kann.

Das Wasser der Quelle ist extrem gut und klar. Ein Mensch, der eine solch starke geistige Kraft besitzt, kann auch anderen Menschen auf ihrem Weg weiterhelfen und sie im Guten leiten. Seine Worte und Gesten zeigen beseelte Lebendigkeit und wahre innere Stärke. Die Menschen bringen ihm deshalb auch das verdiente Vertrauen entgegen.

Oben eine Sechs bedeutet:
Man schöpft aus dem Brunnen ohne Hinderung.
Er ist zuverlässig.
Erhabenes Heil!

Die geistige Kraft ist unerschöpflich. Der Quell des ewigen Lebens sprudelt klar aus diesem Brunnen hervor. Ein Mensch, der seine unerschöpfliche Lebensquelle in sich fühlt, besitzt dieselbe Fähigkeit. Je mehr Menschen aus ihm schöpfen, je mehr Menschen ihn brauchen, je mehr Menschen er von seiner Energie abgeben kann, desto stärker fließt seine innere Kraft.

革

49. Go / Die Umwälzung (die Mauserung)

䷰ *Oben Dui, das Heitere, der See*
Unten Li, das Haftende, das Feuer

Das Feuer und der See, die beiden jüngeren Töchter, stehen sich in diesem Zeichen als Gegensätze gegenüber. Das Feuer drängt nach oben, doch dort wird es von den Gewässern des Sees bedroht. Deshalb steht eine große Umwandlung und damit eine Umwälzung der Kräfte bevor.

DAS URTEIL

Die Umwälzung.
Am eigenen Tag, da findest du Glauben.
Erhabenes Gelingen,
fördernd durch Beharrlichkeit.
Die Reue schwindet.

Gesellschaftliche wie auch familiäre Umgestaltungen sind immer auch Zeiten der großen Unsicherheit und des Aufruhrs. In solchen Augenblicken muß man sich darauf besinnen, daß sich auch die Natur mit ihren wechselnden Jahreszeiten stetig wandelt und man diesem Wandel, diesen Umwälzungen, niemals im Leben entgehen kann. Solange man nicht nur seine eigenen Ziele verfolgt, sondern auch an das Gute der Allgemeinheit denkt, entstehen auch keine Schuldgefühle.

DAS BILD

Im See ist Feuer: das Bild der Umwälzung.
So ordnet die Edle die Zeitrechnung
und macht die Zeiten klar.

Eine Frau, welche die verschiedenen Zeiten und unterschiedlichen Zyklen des Lebens richtig zu nutzen weiß, empfindet die Umwälzungen und Veränderungen nicht als bedrohlich. Sie weiß, daß trotz des möglichen Chaos alles im Gleichgewicht ist und seine innere Ordnung hat.

DIE EINZELNEN LINIEN

Anfangs eine Neun bedeutet:
Man wird eingewickelt
in das Fell einer gelben Kuh.

Gelb ist die Farbe der Mitte und der Ausgeglichenheit. Die Kuh ist ein Symbol der Fügsamkeit und der Geduld. Veränderungen sollte man deshalb jetzt nur dann einleiten, wenn es wirklich keinen anderen Weg gibt. Abzuwarten wäre von größerem Vorteil.

Sechs auf zweitem Platz bedeutet:
Am eigenen Tage, da mag man umwälzen.
Aufbruch bringt Heil.
Kein Makel.

Nur wenn wirklich alles zum Stocken kommt und es keinen Weg mehr gibt, die Dinge zu klären, soll man die Möglichkeit einer revolutionierenden Umwälzung der Lage ernsthaft bedenken. Doch auf einen solchen Schritt muß man gut vorbereitet sein.

Sechs auf drittem Platz bedeutet:
Aufbruch bringt Unheil.
Beharrlichkeit bringt Gefahr.
Wenn die Rede von der Umwälzung dreimal ergangen ist,
dann mag man sich ihm zuwenden
und wird Glauben finden.

Man darf in dieser Situation weder zu schnell noch zu langsam reagieren. Es ist wichtig, den richtigen Zeitpunkt zu erfühlen. Hört man jedoch dreimal dieselben Beschwerden, soll man ihnen Glauben schenken und die dementsprechenden Handlungen und Veränderungen einleiten.

Neun auf viertem Platz bedeutet:
Die Reue schwindet. Man findet Glauben.
Die Staatsordnung zu wechseln,
bringt Heil.

Man muß sich den Menschen anschließen, die ihre innere Wahrheit leben und die eine gemeinsame geistige Richtung und Lebensart verbindet. Dann findet man auch die rechte Unterstützung für ein gemeinschaftliches Werk, welches der Allgemeinheit in Gerechtigkeit dient.

Neun auf fünftem Platz bedeutet:
Der große Mann ändert wie ein Tiger.
Noch ehe er das Orakel fragt,
findet er Glauben.

Der Tiger ist das Symbol des starken Mannes oder der starken Frau. Wenn ein solcher Mensch revolutionäre Umwälzungen in Gang bringt, hat er von Anfang an Glück und die Menschen sind auf seiner Seite.

Oben eine Sechs bedeutet:
Der Edle ändert wie ein Panther.
Der Geringe mausert sich im Gesicht.
Aufbruch bringt Unheil.
In der Beharrlichkeit weilen
bringt Heil.

Die Veränderung hat zwar stattgefunden, aber sie ist noch nicht vollkommen. Will man jetzt noch mehr erreichen, führt dies zu Unheil und Mißerfolg. Im Augenblick sollte man sich geduldig mit dem zufriedengeben, was ist.

鼎

50. Ding / Der Tiegel

䷱ *Oben Li, das Haftende, das Feuer*
Unten Sun, das Sanfte, der Wind, das Holz

Das Holz ist unten und nährt bereitwillig das Feuer, welches sich in diesem Zeichen oben befindet. Durch diese Umwandlung der Kräfte entsteht Hitze. Die Hitze erwärmt den Tiegel und die Nahrung, die darin gekocht wird. Auf diese Weise spendet der Tiegel Nahrung für die Menschen. Damit setzt sich der Kreislauf der Umwandlung der Energien durch die Funktion des Tiegels fort. Der Tiegel gilt als weibliches Symbol der Verfeinerung und Kultivierung der rohen Kräfte. Der Brunnen und der Tiegel sind die beiden einzigen Zeichen im I Ging, die konkrete Objekte darstellen.

DAS URTEIL

Der Tiegel. Erhabenes Heil.
Gelingen.

Der Tiegel symbolisiert auch das Feuer der geistigen Klarheit und Inspiration, die notwendig ist, um ein spirituelles Leben zu leben. Durch die Verfeinerung der groben Kräfte erweitert sich das Bewußtsein. Dies eröffnet einen völlig neuen Zugang zu allen Erfahrungen der menschlichen und geistigen Ebene und schafft ein vollkommen neues Verständnis für sie.

DAS BILD

Über dem Holz ist Feuer: das Bild des Tiegels.
So festigt die Edle
durch Richtigmachung der Stellung
das Schicksal.

Das Feuer braucht das Holz, um zu brennen und um seinen Glanz und seine Wärme zu verbreiten. Ähnlich ist es auch im menschlichen Leben. Es ist die innere Flamme, die den Menschen die Kraft zum Leben gibt. Eine weise Frau, die ihrem Schicksal vertrauensvoll folgt, findet ihren rechtmäßigen Platz in der Gemeinschaft. Da sie im Einklang mit sich selbst lebt, erfährt sie inneren Frieden und Harmonie.

DIE EINZELNEN LINIEN

Anfangs eine Sechs bedeutet:
Ein Tiegel mit umgekippten Beinen.
Fördernd zur Entfernung des Stockenden.
Man nimmt eine Nebenfrau um ihres Sohnes willen.
Kein Makel.

Um den Tiegel zu reinigen, muß man ihn umkippen. Daran ist nichts falsch. Ein Mensch, der willens ist, sich einer geistigen Reinigung und Klärung seiner Energien zu unterziehen, wird nicht abgewiesen. Eine Frau, die auch ihre männliche Seite und damit ihre männliche Kraft in sich angenommen hat und ohne Scham lebt, findet Anerkennung.

Neun auf zweitem Platz bedeutet:
Im Tiegel ist Nahrung.
Meine Genossen haben Neid,
aber sie können mir nichts anhaben.
Heil!

Nur ehrliche Arbeit zählt jetzt – auch wenn es Mißgunst gibt. Ein Mensch, der das Beste tut und das Beste gibt, bleibt von all dem unangetastet. Sein Weg ist klar. Je eindeutiger er sich selbst treu bleibt, desto positiver geht auch seine Arbeit voran.

Neun auf drittem Platz bedeutet:
Der Henkel des Tiegels ist verändert.
Man ist behindert in seinem Wandel.
Das Fett des Fasans wird nicht gegessen.
Wenn erst der Regen fällt,
dann erschöpft sich die Reue.
Endlich kommt Heil.

Wenn der Henkel nicht fest sitzt, kann man den Tiegel nicht benutzen. Daß heißt, man kann die Kräfte, die sich in Form von Nahrung darin gesammelt haben, nicht in sich aufnehmen und auch niemand anderem geben. Dies gleicht einem Menschen, der trotz seiner hohen Qualifikationen und seiner wahren Menschlichkeit nicht anerkannt und nicht um seinen Rat und seine geistigen Einsichten gebeten wird. In einer solchen Lage kann er sich nur auf sich selbst besinnen und abwarten, bis sich die Hindernisse lösen. Sobald eine Entspannung der Lage eintritt, die hier durch den fallenden Regen symbolisiert wird, entwickelt sich für ihn alles zum Guten und er wird erhört werden.

Neun auf viertem Platz bedeutet:
Der Tiegel bricht die Beine.
Das Mahl des Fürsten wird verschüttet,
und die Gestalt wird befleckt.
Unheil!

Das Brechen des Tiegels ist eine Warnung. Man soll keine Aufgaben oder Arbeiten annehmen, denen man innerlich nicht gewachsen ist (auch wenn das Ego dies nicht wahrhaben will). Es ist in einem solchen Fall besser, die eigenen Grenzen zu sehen und sich dementsprechend zu verhalten und keine unnötigen Risiken einzugehen. Eine solch unweise Tat würde im Moment unweigerlich ins Unglück führen.

Sechs auf fünftem Platz bedeutet:
Der Tiegel hat gelbe Henkel, goldne Tragringe.
Fördernd ist Beharrlichkeit.

Die goldenen Tragringe bezeichnen einen Menschen, der innere Stärke, Integrität sowie echte Demut besitzt und diese auch nach außen hin ausstrahlt und zeigt. Durch dieses Verhalten findet er Hilfe und auch die richtigen Gefährten, um seine Arbeit, die allen Menschen zugute kommen soll, zu fördern.

Oben eine Neun bedeutet:
Der Tiegel hat Nephritringe.
Großes Heil!
Nichts,
das nicht fördernd wäre.

Nephrit besitzt nicht nur Stärke, sondern strahlt auch einen milden Glanz aus. Die Umwandlung der Kräfte ist somit vollendet. Ein Mensch erlangt innere Weisheit und strahlt diese nun durch Milde und Güte in seine Umwelt aus. Alles, was ein solcher Mensch im Leben tut, bewirkt Gutes.

震

51. Dschen / Das Erregende (das Erschüttern, der Donner)

䷲ *Oben Dschen, das Erregende, der Donner*
Unten Dschen, das Erregende, der Donner

Dieses Zeichen ist eines der acht Doppelzeichen und ist deshalb in seiner Wirkung verstärkt. Dschen steht für heftige Bewegung und unerwartete Aktion, die unter Umständen auch Furcht und Schrecken verbreiten kann. Die alarmierend erregende und lebendige Kraft von Dschen, dem ältesten Sohn, dessen Yang-Kraft nun immer stärker zu wirken beginnt, bringt den Donner der inneren und äußeren Erschütterung des Lebens mit sich und erweckt dadurch die Menschen.

DAS URTEIL

Das Erschüttern bringt Gelingen.
Das Erschüttern kommt: Hu, Hu!
Lachende Worte: Ha, Ha!
Das Erschüttern erschreckt hundert Meilen,
und er läßt nicht
Opferlöffel und Kelch fallen.

Die Erschütterung der Erregung und des Donners erweckt und alarmiert das Bewußtsein. Auch wenn man sich zuvor ein wenig gefürchtet hat, folgen das Lachen und die Freude doch gleich hinterdrein und man kann sich wieder entspannen. Ein innerlich ausgeglichener Mensch läßt sich nicht durch äußere Erschütterungen aus dem Gleichgewicht bringen. Sein Fokus liegt auf seinem inneren Erleben und nicht auf den sich stetig wandelnden Äußerlichkeiten des weltlichen Geschehens.

DAS BILD

Fortgesetzter Donner: das Bild des Erschütterns.
So macht die Edle
unter Furcht und Zittern ihr Leben recht
und erforscht sich selbst.

Eine innere Erschütterung und Unsicherheit hilft, alte, eingefahrene Lebensmuster aufzulösen und sich über die eigene Lebensrichtung und die inneren Motivationen klarzuwerden. Eine kluge Frau, die eine solche Erschütterung auf diese Art zu ihren Gunsten zu nutzen weiß, handelt weise.

DIE EINZELNEN LINIEN

Anfangs eine Neun bedeutet:
Das Erschüttern kommt: Hu, Hu!
Darauf folgen lachende Worte: Ha, Ha!
Heil!

Zuerst ist man sehr erschüttert, doch dann klärt sich die Lage und man kann wieder lachen. Auf Furcht und Schrecken folgt Lachen und Leichtigkeit. Ein Extrem folgt dem anderen und macht die Absurdität der Situation deutlich. Alles entwickelt sich durch dieses Verständnis zum Besten.

Sechs auf zweitem Platz bedeutet:
Das Erschüttern kommt mit Gefahr.
Hunderttausendfach verlierst du deine Schätze
und mußt auf die neun Hügel steigen.
Jage ihnen nicht nach.
Nach sieben Tagen
bekommst du sie wieder.

Selbst wenn man im Leben gerade große Erschütterungen und Veränderungen erfährt und vielleicht sein Hab und Gut verlieren könnte, braucht man nicht zu verzweifeln. Es ist weise, sich ruhig zu verhalten, denn alles verloren Geglaubte kehrt nach kurzer Zeit von selbst wieder zurück.

Sechs auf drittem Platz bedeutet:
Das Erschüttern kommt und macht fassungslos.
Wenn man infolge des Erschütterns handelt,
so bleibt man frei von Unglück.

Eine unerwartete und erschütternde Veränderung im Leben macht einen Menschen zunächst sprachlos. Doch wenn dieser Mensch jetzt mit der Kraft des sich verändernden Schicksals geht und nicht versucht, sich am Alten festzuklammern, sondern das Neue willkommen heißt, geht alles für ihn gut aus.

Neun auf viertem Platz bedeutet:
Das Erschüttern gerät in Schlamm.

Alles ist zäh. Der bewegende Strom der erregenden und verändernden Kräfte ist wie gelähmt. Nichts bewegt sich weiter. Jede Aktion, jede Handlung ist umsonst. Jetzt heißt es abwarten.

Sechs auf fünftem Platz bedeutet:
Das Erschüttern geht hin und her:
Gefahr.
Aber man verliert durchaus nichts,
und es gibt Geschäfte.

In dieser Zeit der Erschütterung und des daraus entstehenden inneren und äußeren Stresses gibt es fast keine Atempause. Doch wenn man fähig ist, trotz allem innerlich ruhig und zentriert zu bleiben, leidet selbst die Arbeit nur wenig, die man weiter zu verrichten hat.

Oben eine Sechs bedeutet:
Das Erschüttern bringt Verfall
und ängstliches Umherblicken.
Vorangehen bringt Unheil.
Wenn es noch nicht den eigenen Leib erreicht,
sondern erst den Nachbar erreicht hat,
so ist kein Makel.
Die Genossen haben zu reden.

Wenn die Erschütterung und Erregung im Augenblick so stark sind, daß sie einem die Sinne rauben, ist innere Klarheit unmöglich. Man muß stillhalten, bis sich die Wogen der Erregung wieder beruhigt haben. Dies ist jedoch nur möglich, wenn einem weitere Aufregungen erspart bleiben. Ein kluger Mensch zieht sich deshalb beizeiten aus der Situation zurück, auch wenn die anderen dies vielleicht mißbilligen oder nicht verstehen.

艮

52. Gen / Das Stillhalten, der Berg

䷳ *Oben Gen, das Stillhalten, der Berg,*
Unten Gen, das Stillhalten, der Berg

Gen, das Stillhalten, der Berg, gehört ebenfalls zu den Doppelzeichen. Gen, ist der jüngste Sohn von Himmel und Erde. Er lehrt das Stillhalten. Die Fähigkeit, für einen Augenblick innezuhalten, um die innere Stille zu erfahren, stellt für den heutigen Menschen eines der größten Probleme dar. Nur wenige haben sie. Der Kopf und das Denken sind schwer zur Ruhe zu bringen. Es gibt einen Kreislauf von Gedanken, der in den Köpfen der Menschen wie ein Endlos-Tonband ununterbrochen läuft. Deshalb ist es wichtig, das richtige Gleichgewicht zu jeder äußeren Bewegung und Aktivität in der Stille zu finden. Die Stille liegt hinter jeder Bewegung verborgen. Sie ist immer da. Ein Mensch, der seinen inneren Frieden finden will, muß lernen, sich regelmäßig auf sie einzustimmen.

DAS URTEIL

Stillhalten seines Rückens,
so daß er seinen Leib nicht mehr empfindet.
Er geht in seinen Hof und sieht nach seinen Menschen.
Kein Makel.

Dies ist eine klare Anweisung für eine Yogaübung. Beim Yoga hält man bei bestimmten Übungen den Rücken vollkommen gerade. So stimmt sich der Geist nach und nach auf die innere Stille ein und wird ganz von selbst langsam ruhiger. Die innere Unruhe klingt ab, die Gedankenschleifen verlangsamen sich und hören schließlich auf. Ein Mensch, der aus dieser inneren Ruhe heraus handelt, begeht keinen Fehler.

DAS BILD

Zusammenstehende Berge: das Bild des Stillhaltens.
So geht die Edle mit ihren Gedanken
nicht über ihre Lage hinaus.

Eine weise Frau bleibt innerlich ganz bewußt in der Gegenwart. Sie beschwert nicht unnötig ihr Herz, indem sie Gedanken, Wünsche und Träume in eine illusionäre Zukunft spinnt.

DIE EINZELNEN LINIEN

Anfangs eine Sechs bedeutet:
Stillhalten seiner Zehen.
Kein Makel.
Fördernd ist Beharrlichkeit.

Nur wer innehält und innerlich zur Ruhe kommt, bevor er etwas Neues beginnt, hat die Chance, keine Fehler zu begehen. Am Anfang jeder Aktion ist noch alles offen. Wenn man den Anfang weise bedenkt, entwickelt sich auch zum Ende hin alles auf gute Art.

Sechs auf zweitem Platz bedeutet:
Stillhalten seiner Waden.
Er kann den nicht retten, dem er folgt.
Sein Herz ist nicht froh.

Die Waden sind nur ein Teil des Körpers. Sie allein können nicht innehalten, sonst stolpert der Mensch und fällt hin. Man wird von einer Lebenssituation regelrecht mitgerissen und kann diese Bewegung nicht mehr aufhalten. Obwohl man das Unrecht und auch das mögliche Unglück kommen sieht, ist man nicht imstande zu helfen. Diese Umstände erschweren im Augenblick das Herz.

Neun auf drittem Platz bedeutet:
Stillhalten seiner Hüften.
Steifmachen seines Kreuzbeins.
Gefährlich.
Das Herz erstickt.

Erzwungene Ruhe schadet dem Menschen. Innere Stille muß von selbst aufsteigen dürfen, sie kann nicht auf gewaltsame Art hervorgerufen werden. Wenn das Herz gewaltsam beruhigt wird, erstickt seine Kraft. Der Sinn einer spontanen Meditation ist, sich sanft in die innere Stille fallen zu lassen, ohne etwas zu tun, ohne etwas zu wollen, ohne etwas erreichen zu müssen.

Sechs auf viertem Platz bedeutet:
Stillhalten seines Rumpfes.
Kein Makel.

Wenn man den Rumpf stillhält, beruhigt sich die sexuelle Kraft. Wenn sich die sexuelle Kraft beruhigt, halten der Kopf und das Herz still. Sobald der Kopf und das Herz zur Ruhe kommen, steigt innere Klarheit auf, das Bewußtsein erweitert sich und man gewinnt einen neuen Überblick über sein Leben.

Sechs auf fünftem Platz bedeutet:
Stillhalten seiner Kinnladen.
Die Worte haben Ordnung.
Die Reue schwindet.

Da alle Worte ihre eigene Kraft der Manifestation besitzen, ist es ratsam, wenig Worte zu machen. Sonst entsteht eventuell eine Situation, in der man einiges zu bereuen hat. Je weniger man jetzt spricht und auch verspricht, desto besser ist es und um so stärker ist die Wirkungskraft jedes einzelnen Wortes.

Oben eine Neun bedeutet:
Großzügiges Stillhalten.
Heil!

Durch die Erfahrung der inneren Stille erblüht das Leben auf eine völlig neue Weise. Man ist jetzt fähig, in dieser Stille zu verharren, neue Kraft zu tanken und immer, wenn es nötig scheint, ohne Mühen wieder in sie einzutauchen. Diese Fähigkeit ist einer der wichtigsten Schritte auf dem geistigen Weg.

漸

53. Dsiën / Die Entwicklung (Allmählicher Fortschritt)

☴ *Oben Sun, das Sanfte, der Wind, das Holz*
☶ *Unten Gen, das Stillhalten, der Berg*

Das Holz wächst aus dem Berg hervor und symbolisiert damit eine stetig fortschreitende Entwicklung und einen allmählichen Fortschritt. Das Sanfte paßt sich an und nichts wird überstürzt. Alles braucht seine Zeit, um richtig zu wachsen. Die Stille des Berges gleicht hier der inneren Ruhe eines Menschen, der mit Geduld und Umsicht handelt. Aus dieser inneren Ruhe entwickelt sich der rechte Fortschritt.

DAS URTEIL

Die Entwicklung.
Das Mädchen wird verheiratet.
Heil!
Fördernd ist Beharrlichkeit.

Ein Mann möchte ein Mädchen in seine Familie aufnehmen, doch das Mädchen ist noch nicht sicher, ob es zu einer Ehe überhaupt bereit ist. Es bedarf deshalb der sehr ruhigen Überlegung und weisen Abwicklung der Dinge, damit später alles korrekt verläuft. Besonnene Beständigkeit ist das Geheimnis eines langsamen, allmählichen und damit natürlichen Fortschritts.

DAS BILD

Auf dem Berge ist ein Baum:
das Bild der Entwicklung.
So weilt die Edle in würdiger Tugend,
um die Sitten zu bessern.

Ein Baum wächst langsam, er braucht seine Zeit. So ist es auch mit dem menschlichen Wachstum. Es keimt langsam im Inneren und braucht ebenfalls eine angemessene Zeit, um sich im

Äußeren zu manifestieren. Nichts Plötzliches, nichts Schnelles hat die Durchhaltekraft einer langsamen, aber stetigen Entwicklung. Dies gilt für die geistige wie auch die materielle Ebene des Seins. Eine weise Frau ist sich dessen bewußt.

DIE EINZELNEN LINIEN

Anfangs eine Sechs bedeutet:
Die Wildgans zieht allmählich dem Ufer zu.
Der junge Sohn ist in Gefahr.
Es gibt Gerede. Kein Makel.

Die Wildgans führt eine treue Ehe. Man sagt, daß sie keinen zweiten Gatten nimmt. Auf ihrem Flug erreicht die Wildgans nun zunächst das Ufer, und ein junger Mensch findet langsam und zögernd seinen Weg durch die Wirren des Lebens. Aber gerade die Schwierigkeiten, die er zu überwinden hat, helfen ihm bei seinem allmählichen Fortschritt.

Sechs auf zweitem Platz bedeutet:
Die Wildgans zieht allmählich dem Felsen zu.
Essen und Trinken in Frieden und Eintracht.
Heil!

Die Lage hat sich nun etwas gefestigt und verspricht eine gesicherte Stellung im Leben. Der Felsen symbolisiert Sicherheit. Eine Wildgans ruft die anderen, wenn sie Futter findet. Dies ist ein Bild der Eintracht und des Glücks. Man teilt jetzt mit Freunden, was einem das Leben schenkt.

Neun auf drittem Platz bedeutet:
Die Wildgans zieht allmählich der Hochebene zu.
Der Mann zieht aus und kehrt nicht wieder.
Die Frau trägt ein Kind,
aber bringt es nicht zur Welt.
Unheil!
Fördernd ist es,
Räuber abzuwehren.

Die Wildgans zieht in eine Gegend, in die sie nicht gehört und in der sie kein Futter findet. Auf die menschliche Ebene bezogen bedeutet dies, daß man Gefahr läuft, seinen Weg zu verlieren, wenn man den Dingen nicht die rechte Zeit für ihre natürliche Entwicklung läßt. Unter solchen Entscheidungen leidet dann die ganze Familie. Bestimmte Entwicklungen im Leben durch Einmischung und Kampf überstürzen zu wollen, bringt meist nur Unheil. Doch in diesem Fall ist es richtig, Menschen, die einem den rechtmäßigen Platz streitig machen wollen, rechtzeitig abzuwehren.

Sechs auf viertem Platz bedeutet:
Die Wildgans zieht allmählich dem Baume zu.
Vielleicht bekommt sie einen flachen Ast.
Kein Makel.

Ein Baum ist der falsche Platz für eine Wildgans. Doch vielleicht findet sie einen Ast, auf dem sie sich eine Weile zum Ausruhen niederlassen kann. Der Ast symbolisiert einen Platz, der zwar nicht der rechte ist, den man aber im Augenblick annimmt, da es nichts Passenderes gibt. Dies heißt, daß man selbst an einem fremden Ort einen sicheren Platz finden kann, an dem man sich zu Hause fühlt, solange man flexibel bleibt und sich der Situation anpaßt.

Neun auf fünftem Platz bedeutet:
Die Wildgans zieht allmählich dem Gipfel zu.
Die Frau bekommt drei Jahre lang kein Kind.
Endlich kann sie nichts verhindern.
Heil!

Auf dem Gipfel findet die Wildgans nur Einsamkeit. Eine Frau wird in ihren Bemühungen von den wichtigsten Menschen in ihrem Leben vollkommen verkannt. Doch schließlich lösen sich die Knoten des Mißverständnisses, und es kommt doch noch das rechte Übereinkommen zustande.

Oben eine Neun bedeutet:
Die Wildgans zieht allmählich den Wolkenhöhen zu.
Ihre Federn können zum heiligen Tanz verwendet werden.
Heil!

Die Wildgans strebt dem Himmel zu. Die fallenden Federn dienen den Menschen als Schmuck bei ihren heiligen Tänzen. Die Vollendung eines Lebenswerkes naht. Dieses Bild spiegelt das Leben eines Menschen wider, der sein Leben in Liebe und Eintracht mit anderen verbracht hat und dessen inneres Licht nun anderen Menschen auf ihrem geistigen Weg als Hilfe dient.

歸妹

54. Gui Me / Das heiratende Mädchen

Oben Dschen, das Erregende, der Donner
Unten Dui, das Heitere, der See

Dschen, die erregende, männliche Kraft des ältesten Sohnes ist oben. Darunter wartet Dui, die jüngste Tochter. In dieser Zusammenstellung geht der Mann rechtmäßig voraus und lädt das Mädchen als seine Frau in seine Familie ein. Obwohl im alten China die Einehe herrschte, war es üblich, Nebenfrauen zu haben, die von der Ehefrau selbst mit ausgesucht wurden. Diese Frauen, meist junge Mädchen, hatten sich der Gattin unterzuordnen und dem Hausherrn auch Kinder zu gebären.

DAS URTEIL

Das heiratende Mädchen.
Unternehmungen bringen Unheil.
Nichts, das fördernd wäre.

Eine Frau, die in einer untergeordneten Stellung lebt, muß sich jetzt taktvoll und zurückhaltend benehmen. Sie darf ihre Position nicht durch Unvorsichtigkeit verderben, sondern muß die Rolle spielen, die ihr zugewiesen wurde. Dies ist im Augenblick der einzige Weg, ihre Lebenslage zu verbessern.

DAS BILD

Oberhalb des Sees ist der Donner:
das Bild des heiratenden Mädchens.
So erkennt die Edle,
durch die Ewigkeit des Endes
das Vergängliche.

Der Donner, die Kraft des Erregenden, bewegt den See und damit auch die weibliche Kraft. Eine Frau läßt sich von einem Mann umwerben. Sie ist sich bewußt, daß sich diese Beziehung positiv weiterentwickeln kann, wenn sie den möglichen Mißverständnissen, die sich in jeder Beziehung ergeben, offen begegnet. Sie konzentriert sich deshalb auf einen positiven Beginn und eine ebenso gute Weiterentwicklung dieser Partnerschaft.

DIE EINZELNEN LINIEN

Anfangs eine Neun bedeutet:
Das heiratende Mädchen als Nebenfrau.
Ein Lahmer, der auftreten kann.
Unternehmungen bringen Heil.

Eine Frau ist genötigt, eine untergeordnete Stellung – neben einer Frau mit mehr Autorität – anzunehmen. Obwohl sie sich durch diese Position in ihrem Selbstausdruck etwas behindert fühlt, sollte sie im Augenblick das Beste aus dieser Situation machen. Durch wahre Freundlichkeit fällt ihr dies auch leicht und sie gewinnt das notwendige Vertrauen der anderen Menschen in ihrem Wirkungskreis.

Neun auf zweitem Platz bedeutet:
Ein Einäugiger, der sehen kann.
Fördernd ist die Beharrlichkeit
eines einsamen Menschen.

Nach einer tiefen Enttäuschung oder sogar dem Tod eines Lebenspartners findet eine einsam zurückgebliebene Frau immer noch Trost und Zuversicht in ihrer geistigen Treue zum Verlorenen. Diese Treue ist für sie wie ein inneres Licht, welches niemals erlöschen kann und welches ihr im Augenblick die Kraft und die Hoffnung zum Weiterleben gibt.

Sechs auf drittem Platz bedeutet:
Das heiratende Mädchen als Sklavin.
Sie heiratet als Nebenfrau.

Eine Frau kommt in Gefahr, sich innerlich an die verlockenden Gaben des Luxus und des Reichtums zu verkaufen. Sie glaubt, keinen richtigen Partner mehr zu finden und hat jetzt Angst, vollkommen leer auszugehen. Solange sie sich darüber im klaren ist, was sie tut, keine Illusionen oder falsche Hoffnungen hegt und nicht damit beginnt, sich selbst zu belügen, kann sie aus dieser Lebenssituation lernen.

Neun auf viertem Platz bedeutet:
Das heiratende Mädchen verzögert die Frist.
Eine späte Heirat
kommt zu ihrer Zeit.

Solange eine Frau noch auf den richtigen Lebenspartner wartet, braucht sie sich für nichts zu entscheiden. Es ist für sie günstiger, noch etwas Geduld zu haben, um in dem Augenblick, da der richtige Mensch ins Leben tritt, den rechten Schritt zu tun.

Sechs auf fünftem Platz bedeutet:
Der Herrscher verheiratet seine Tochter.
Da waren die gestickten Kleider der Fürstin
nicht so prächtig wie die der Dienerin.
Der Mond, der fast voll ist,
bringt Heil.

Ein mächtiger Mann verheiratet seine Tochter nach seinem Ermessen. Diese Frau tritt zwar zunächst in einer untergeordneten Stellung in diese Ehe ein, doch sie erweist sich als flexibel und sanftmütig genug, um auch ihr eigenes Glück in dieser zunächst etwas ungleichen Zusammenkunft zu finden.

Oben eine Sechs bedeutet:
Die Frau hält den Korb,
aber es sind keine Früchte darin.
Das Mann sticht das Schaf,
aber es fließt kein Blut.
Nichts, das fördernd wäre.

Beim Ahnenopfer im alten China mußten die Frauen die Früchte in einem Korb darbringen und die Männer die Opfertiere schlachten. Hier erscheint die Frau jedoch mit einem leeren Korb, und der Mann sticht das bereits geschlachtete Tier nur zum Schein. Alles geschieht nur, um die äußere Form zu wahren. Diese Form der Scheinheiligkeit verspricht auf die Dauer kein Glück und auch keine gute Ehe.

豐

55. Fong / Die Fülle

䷶ *Oben Dschen, das Erregende, der Donner*
Unten Li, das Haftende, die Flamme

In diesem Zeichen verbindet sich Li, das Haftende, die Flamme, die auch innere Klarheit bedeutet, mit Dschen, der erregenden Kraft, der Bewegung des Donners. Dies ist eine gute Kombination. Sie verspricht stetig wachsende Fülle und Reichtum. Wenn im Inneren Klarheit herrscht, ist die äußere Aktion fehlerfrei. Aber die Fülle, die sich daraus ergibt, kann sich nicht auf die Dauer erhalten. Deshalb ist es wichtig, diesen außergewöhnlichen Zustand auch als solchen zu erkennen und die Fülle der Gegenwart in Dankbarkeit zu genießen.

DAS URTEIL

Die Fülle hat Gelingen.
Der König erreicht sie.
Sei nicht traurig; du mußt sein
wie die Sonne am Mittag.

Um den Zustand der Fülle und damit auch der inneren Erfülltheit zu erleben, braucht es ein unschuldiges Herz. Es braucht einen Menschen, der seine Kümmernisse nicht auf die Goldwaage legt, sondern sie als das erkennt, was sie sind: vorüberziehende Gedanken und stetig wechselnde Gefühle. Eine innere und vielleicht auch äußere Zeit der ungewöhnlichen Fülle währt jedoch meist nur kurz. Ein weiser Mensch haftet deshalb nicht daran und macht sich deshalb auch nicht davon innerlich abhängig.

DAS BILD

Donner und Blitz kommen beide; das Bild der Fülle.
So unterscheidet die Edle die Prozesse
und führt die Strafen aus.

Die Kraft des Donners und die Klarheit des Blitzes bringen neue Einsicht in eine Lebenssituation und bewegen zu einer wichtigen Veränderung. Eine Frau wird jetzt dazu aufgefordert, ihre Prioritäten im Leben zu prüfen, die nötigen Ermahnungen und Warnungen auszusprechen und auch von einer gerechten Strafe nicht abzusehen.

DIE EINZELNEN LINIEN

Anfangs eine Neun bedeutet:
Wenn man seinem bestimmten Herrn begegnet,
so mag man zehn Tage beisammen sein,
und es ist kein Fehler.
Hingehen findet Anerkennung.

Wenn sich die Stärke der geistigen Klarheit mit der Kraft der äußeren Bewegung, bzw. der bewußten Tat verbindet, erwächst daraus eine harmonische Lebensgrundlage. Wenn das Herz und der Geist in Harmonie sind, kann sich daraus ein positiver Lebenswandel entwickeln, der auch andauert. Diese Situation beschreibt Menschen, die sich durch ihre inneren Gemeinsamkeiten gefunden und verbunden haben.

Sechs auf zweitem Platz bedeutet:
Der Vorhang ist von solcher Fülle,
daß man am Mittag die Polsterne sieht.
Durch Hingehen erreicht man Mißtrauen und Haß.
Wenn man durch Wahrheit ihn erweckt,
kommt Heil.

Fülle und Reichtum, ganz gleich auf welcher Ebene, erwecken oft den Neid und die Mißgunst anderer Menschen, die sich innerlich und äußerlich unerfüllt und arm fühlen. Man muß sich deshalb im Augenblick vor falscher Gesellschaft und Neidern hüten, sonst beginnt man selbst zu leiden. Doch indem man innerlich bei sich bleibt und sich nicht besser oder stolzer fühlt als andere, harmonisiert sich die Lage und man kann unbehindert mit der Arbeit fortfahren.

Neun auf drittem Platz bedeutet:
Das Gestrüpp ist von solcher Fülle,
daß man am Mittag die kleinen Sterne sieht.
Er bricht seinen rechten Arm.
Kein Makel.

Man ist so sehr mit sich selbst und seinen Problemen beschäftigt, daß man nicht mehr wahrnimmt, was um einen herum geschieht. Diese Unaufmerksamkeit dem Leben gegenüber verringert die Flexibilität, die es jetzt braucht, um eine Situation richtig zu beurteilen und darauf entsprechend zu reagieren. Obwohl man sich vielleicht im Augenblick wie gelähmt fühlt, geht alles noch gut aus.

Neun auf viertem Platz bedeutet:
Der Vorhang ist von solcher Fülle,
daß man am Mittag die Polsterne sieht.
Er begegnet seinem gleichen Herren.
Heil!

Die Fülle der geistigen Erfahrungen schließt auch das Erlebnis der Dunkelheit und inneren Leere sowie das Nichtwissen mit ein. Nur die furchtlose Annahme der inneren Dunkelheit und der zunächst furchterregenden Leere befähigt den Menschen, die Grenzen seiner alltäglichen Wahrnehmungskraft zu überschreiten und das innere Licht zu erblicken.

Sechs auf fünftem Platz bedeutet:
Es kommen Linien,
es naht Segen und Ruhm.
Heil!

Geradlinigkeit und Ehrlichkeit wirken sich im Leben eines geistig starken Menschen auch als wahrer Segen für alle anderen Menschen aus. Was einer geistig klaren und spirituellen Sphäre entspringt, bringt Gutes.

Oben eine Sechs bedeutet:
Sein Haus ist in Fülle.
Er verdeckt seine Sippe.
Er späht durch das Tor und merkt niemanden mehr.
Drei Jahre lang sieht er nichts.
Unheil!

Ein Mensch, der unbewußt und hochmütig nur seinem eigenen Reichtum dient ohne das tiefere Verständnis um die Auswirkungen einer solchen Kraft zu besitzen, geht fehl. Sein Herz erblindet, und er fühlt und sieht die anderen Menschen und deren Leiden nicht mehr. Dadurch bewirkt er genau das Gegenteil des Erhofften und steht am Ende selbst einsam da.

旅

56. Lü / Der Wanderer

☲ *Oben Li, Das Haftende, das Feuer*
☶ *Unten Gen, das Stillhalten, der Berg*

Der Berg, die in sich ruhende, stille Kraft, ist in diesem Zeichen unten und die bewegte, stetig nach oben strebende Energie des Feuers und der Flammen ist oben. Diese beiden Kräfte können in dieser Konstellation nicht zusammenkommen oder gar beisammen bleiben. Der Berg verweilt in der Stille und rührt sich nicht vom Fleck, während die Flammen des Feuers immer in Bewegung sind. Diese Umstände symbolisieren den Weg des Wanderers.

DAS URTEIL

Der Wanderer.
Durch Kleinheit Gelingen.
Dem Wanderer ist
Beharrlichkeit von Heil.

Ein Mensch, der keine Heimat besitzt, muß lernen, sich dem Leben und den stetig wechselnden Umständen weise anzupassen. Seine wahre Heimat ist im Inneren. Ein solcher Mensch muß sorgfältig darauf achten, daß er wohlwollende Mitmenschen und die für ihn passenden Plätze findet, an denen er für eine Zeit rasten und ungestört verweilen kann.

DAS BILD

Auf dem Berg ist Feuer:
das Bild des Wanderers.
So ist der Edle klar und vorsichtig
in der Anwendung von Strafen
und verschleppt keine Streitigkeiten.

Wenn ein Feuer auf dem Berg brennt, leuchtet sein Schein hell und weit in alle Richtungen. Doch es brennt nicht ewig. So muß auch ein kluger Mensch darauf bedacht sein, seine Kräfte richtig zu nutzen und nicht in unnötigen Auseinandersetzungen zu verausgaben. Er darf sich nicht in ärgerliche Umstände verbeißen oder von anderen hineinziehen lassen. Er muß verstehen lernen, daß alles im Leben kommt und auch wieder vergeht.

DIE EINZELNEN LINIEN

Anfangs eine Sechs bedeutet:
Wenn der Wanderer sich mit kleinlichen Dingen abgibt,
so zieht er sich dadurch Unglück zu.

Es ist jetzt nicht günstig, an Kleinigkeiten und Belanglosigkeiten festzuhalten. Auf jedem Lebensweg gibt es Dinge, die den Menschen von seinen wahren Aufgaben ablenken können. Es ist jetzt wichtig, diese vielfältigen Formen der Ablenkungen zu erkennen und keine weitere Kraft an sie zu verschwenden. Wenn ein Mensch sein Leben damit zubringt, kleinlich und würdelos an jedem unwichtigen Ding oder jeder unwichtigen Situation festzuhalten, ist dies ein gefährlicher Energieverschleiß, der ihn letztlich sogar ins Unglück führen kann.

Sechs auf zweitem Platz bedeutet:
Der Wanderer kommt zur Herberge.
Er hat seinen Besitz bei sich.
Er erlangt
eines jungen Dieners Beharrlichkeit.

Sobald ein Mensch seinen Lebensweg in Demut und Bescheidenheit geht, findet er echte Freunde, die ihm weiterhelfen und zur Seite stehen. Ein wahrer Freund im Leben ist das größte Geschenk für einen Menschen, der ihn als solchen auch erkennt und deshalb über alle Maßen zu schätzen weiß.

Neun auf drittem Platz bedeutet:
Dem Wanderer verbrennt seine Herberge.
Er verliert die Beharrlichkeit seines jungen Dieners.
Gefahr.

Ein streitsüchtiger Mensch, der sich in die Lebensumstände und Angelegenheiten anderer Menschen ungebeten und ungefragt einmischt, verliert mit der Zeit deren Respekt. Wenn er sich dazu hochmütig gegen seine Freunde und Bekannten verhält, verliert er auch deren Vertrauen. Durch dieses Benehmen isoliert er sich von den anderen Menschen und steht schließlich allein da.

Neun auf viertem Platz bedeutet:
Der Wanderer ruht an einem Unterkunftsort.
Er erlangt seinen Besitz und eine Axt.
Mein Herz ist nicht froh.

Diese Situation beschreibt einen Menschen, der zwar in seinem Leben viel erreicht und gewonnen hat, aber nicht wirklich froh darüber sein kann. Er hat ununterbrochen das Gefühl, daß ihm andere etwas wegnehmen wollen, und ist deshalb innerlich verkrampft und angespannt.

Sechs auf fünftem Platz bedeutet:
Er schießt einen Fasan;
auf den ersten Pfeil fällt er.
Schließlich kommt dadurch Lob und Amt.

Ein Fasan war in alten Zeiten ein würdiges Geschenk für einen Fürsten. Wollte man in dessen Dienste treten, schoß man als Geschenk einen Fasan für ihn. Auf die heutige Zeit bezogen bedeutet dies, daß ein Mensch, wenn er dies möchte, auch in der Fremde Arbeit, Anerkennung, eine Heimat und neue Freunde finden kann.

Oben eine Neun bedeutet:
Dem Vogel verbrennt sein Nest.
Der Wanderer lacht erst,
dann muß er klagen und weinen.
Er verliert die Kuh im Leichtsinn.
Unheil!

Die Situation zeigt einen Menschen, der durch Leichtsinn und Unachtsamkeit sein Heim und auch seine Heimat verlieren könnte. Wenn er sich auch weiterhin nur mit seinem Besitz identifiziert, steht ein ernüchterndes Erwachen bevor. Ein uneinsichtiger Mensch, der sich nicht an die wechselnden Umstände des Lebens anpassen kann oder will, erschafft sein eigenes Leid.

巽

57. Sun / Das Sanfte (das Eindringliche, der Wind)

䷸ *Oben Sun, das Sanfte, der Wind, das Holz,*
Unten Sun, das Sanfte, der Wind, das Holz

Sun ist ebenfalls eines der acht Doppelzeichen. Auch hier wirkt die Kraft verstärkt. Sun symbolisiert die älteste Tochter. Ihre Kraft ist weich, aber durchdringend, sanft, aber stark wie der Wind oder auch die Wurzeln eines Baumes, die sich unaufhaltsam und sehr geduldig ihren Weg durch das Dunkel der Erde bahnen. Der Einfluß von Sun wirkt deshalb klärend und erhellend sowie eindringend und eindringlich auf die menschlichen Umstände des Lebens.

DAS URTEIL

Das Sanfte. Durch Kleines Gelingen.
Fördernd ist es, zu haben (zu wissen,)
wohin man geht.
Fördernd ist es,
den großen Mann zu sehen.

Sanfte Eindringlichkeit wirkt wie ununterbrochene Beeinflussung in eine bestimmte Richtung hin. Die Auswirkungen einer Beeinflussung zeigen sich langsam, aber stetig. Es ist daher wichtig, zu wissen, was man durch diese eindringliche Beinflussung erreichen will. Es ist jetzt ebenfalls hilfreich, den Rat eines weisen Menschen einzuholen und zu befolgen.

DAS BILD

Einander folgende Winde:
das Bild des Sanft-Eindringenden.
So verbreitet die Edle ihre Gebote
und wirkt ihre Geschäfte.

Eine Frau, die auf eine bestimmte Situation in ihrem Leben Einfluß nehmen will, tut dies jetzt auf sehr sanfte und sehr beständige Art und Weise. Sie nimmt sich Zeit und nähert sich doch unaufhaltsam ihrem Ziel. So bewirkt sie Wandlungen und Fortschritt durch die Kraft der Geduld.

DIE EINZELNEN LINIEN

Anfangs eine Sechs bedeutet:
Beim Vorgehen und Rückweichen ist fördernd
die Beharrlichkeit eines Kriegers.

Man fühlt sich in diesem Augenblick vielleicht zu unentschlossen und innerlich zu unsicher, um etwas zu unternehmen. Doch in diesem Fall wäre eine Handlung dem zögernden Zweifel vorzuziehen. Die innere Entschlossenheit, die man braucht, kommt dann ganz von selbst.

Neun auf zweitem Platz bedeutet:
Eindringen unter das Bett.
Man benutzt Priester und Magier in großer Zahl.
Heil! Kein Makel.

Negative Einflüsse haben sich breitgemacht, und man sieht sich nun gezwungen, sie auch als solche zu entlarven. Zunächst gilt es jedoch festzustellen, um welche Art der Einflüsse es sich handelt, denn nur so ist man fähig, sie zu unterbinden. In früheren Zeiten war es die Aufgabe der Priester und der Magier, solch negative Schwingungen zu beseitigen.

Neun auf drittem Platz bedeutet:
Wiederholtes Eindringen.
Beschämung.

Das Nachdenken über eine Lebensituation darf nicht zu weit getrieben werden. Wenn sich die Gedanken jetzt nur noch im Kreis drehen und sich kein neues Resultat ergibt, darf man sich dadurch in seiner Handlungsfähigkeit nicht lähmen lassen. Der Kopf findet nie eine endgültige Lösung. Das Denken schwingt immer von einem Pol zum anderen. In diese Falle darf man sich nicht begeben.

Sechs auf viertem Platz:
Reue schwindet.
Auf der Jagd
fängt man drei Arten von Wild.

Wer jetzt seine Arbeit in aller Bescheidenheit und voller Konzentration verrichtet, findet die verdiente Anerkennung. Als Symbole für einen solch guten Erfolg stehen die drei Arten von Wild, die in vergangenen Zeiten zum Dank an die Götter erlegt wurden.

Neun auf fünftem Platz bedeutet:
Beharrlichkeit bringt Heil.
Reue schwindet.
Nichts, das nicht fördernd wäre.
Kein Anfang, aber ein Ende.
Vor der Änderung drei Tage,
nach der Änderung drei Tage.
Heil!

Ein Unternehmen, das wichtige Veränderungen mit sich bringen kann, beginnt sich sehr erfolgreich zu entwickeln. Es ist nicht sicher, wie lange diese Arbeit andauern wird. Die Vorbereitungen für ein solches Unternehmen müssen deshalb sehr geduldig und sorgfältig geplant werden. Man muß bedenken, wie sich die möglichen Veränderungen, im Leben aller Beteiligten auf die Dauer auswirken. Man muß immer darauf bedacht sein, daß diese Veränderungen auch für die anderen Menschen positive Auswirkungen haben.

Oben eine Neun bedeutet:
Eindringen unter das Bett.
Er verliert seinen Besitz und seine Axt.
Beharrlichkeit bringt Unheil.

Es ist jetzt klüger, schädigenden Einflüssen auszuweichen, als seine Kraft an sie zu verschwenden. Man kann diese negativen Einflüsse im Augenblick nicht direkt bekämpfen. Auch jeder Versuch, ihnen weiter nachzuspüren, bringt im Augenblick nur Unheil.

兑

58. Dui / Das Heitere, der See

䷹ *Oben Dui, das Heitere, der See*
Unten Dui, das Heitere, der See

Auch Dui, das Symbol der jüngsten Tochter, gehört zu den acht Doppelzeichen. Ihre Eigenschaft ist die Kraft der Freude, ihr Bild der heitere See. Wahre Freude strömt immer von innen nach außen. Das Innere ruht in freudiger Stille und Heiterkeit und kann auf diese Weise seine Freude auch mühelos nach außen bringen.

DAS URTEIL

Das Heitere. Gelingen.
Günstig ist Beharrlichkeit.

Die Kraft der Freude ist grenzenlos. Sie berührt und gewinnt jedes Menschen Herz. Sie zeigt sich im äußeren Leben als Milde, Verständnis und Heiterkeit. Wenn man jetzt etwas Dauerhaftes bewirken will, muß dies in Milde und Freundlichkeit geschehen.

DAS BILD

Aufeinander beruhende Seen:
das Bild des Heiteren.
So tut sich die Edle mit ihren Freunden zusammen
zur Besprechung und Einübung.

Wenn sich zwei Seen oder auch zwei Seelen verbinden, verdoppelt sich ihre Kraft. Sie bereichern sich gegenseitig in ihrer gemeinsamen Freude und Heiterkeit. Eine weise Frau sucht sich deshalb auch gleichgesinnte Freunde. Denn gleichgesinnte Menschen wirken immer wie ein Quell der belebenden Freude füreinander.

DIE EINZELNEN LINIEN

Anfangs eine Neun bedeutet:
Zufriedene Heiterkeit.
Heil!

Ein wunschloses Herz ist die Quelle innerer Zufriedenheit und Heiterkeit. Ein Mensch, der nichts will, der nichts nachjagt, der mit dem zufrieden ist, was ihm das Leben schenkt, lebt im grenzenlosen Luxus seines inneren Friedens.

Neun auf zweitem Platz bedeutet:
Wahrhaftige Heiterkeit.
Heil!
Reue schwindet.

Falsche Freuden, die nur von Äußerlichkeiten abhängen, haben nicht die Kraft, des Menschen Herz zu nähren, denn sie befriedigen nicht wirklich. Deshalb hält sich ein weiser Mensch von ihnen fern und hat später nichts zu bedauern.

Sechs auf drittem Platz bedeutet:
Kommende Heiterkeit.
Unheil!

Ein Mensch, der nur im Äußeren nach den Freuden der Zerstreuung sucht, geht fehl. Innerlich bleibt er leer und unerfüllt.

Wahre Freude kommt von innen. Sinnlose Zerstreuung nimmt auf die Dauer jedem Herzen die Kraft.

Neun auf viertem Platz bedeutet:
Überlegte Heiterkeit ist nicht beruhigt.
Nach Abtun der Fehler
hat man Freude.

Die Freuden jeder Art von Leidenschaft sind immer mit Leiden verbunden. Es ist klug zu wissen, welcher Art von Kräften man sich wirklich hingeben möchte. Sobald ein Mensch die Auswirkungen solcher sogenannter Freuden erkannt hat, besinnt er sich auf seine wahren, inneren Freuden der Heiterkeit und Gelassenheit.

Neun auf fünftem Platz bedeutet:
Wahrhaftigkeit gegen das Zersetzende
ist gefährlich.

Ein Mensch, der aus seiner inneren Freude heraus lebt, kann nicht von anderen benutzt und ausgebeutet werden. Er weiß, daß es nichts Äußerliches gibt, das er zum Ausdruck seiner inneren Freude braucht.

Oben eine Sechs bedeutet:
Verführende Heiterkeit.

Es besteht jetzt die Gefahr, sich von den verführerischen Verlockungen der äußeren Welt mitreißen zu lassen. Damit kommt man auch in Versuchung, jegliche Verantwortung für eine daraus entstehende Situation an andere Menschen abzugeben. Ein solcher Umstand erweist sich niemals als Vorteil.

渙

59. HUAN / DIE AUFLÖSUNG

Oben Sun, das Sanfte, der Wind
Unten Kan, das Abgründige, das Wasser

Die Kraft von Sun, dem Wind, streicht sanft über das Wasser und bildet kleine und große Wellen. Der Wind formt die Wellen und löst sie wieder auf. Deshalb bedeutet dieses Zeichen zum einen die sanfte Auflösung und zum anderen die Möglichkeit der Zerstreuung von Kräften, die sich jedoch wieder ansammeln.

DAS URTEIL

Die Auflösung. Gelingen.
Der König naht seinem Tempel.
Fördernd ist es,
das große Wasser zu durchqueren.
Fördernd ist Beharrlichkeit.

Ein Mensch, dessen Gefühle und innere Lebenseinstellung eine Verhärtung erfahren haben, bekommt jetzt die Chance, diese Erstarrung in sich wieder aufzulösen. Doch es braucht Geduld und das nötige Vertrauen in diesen Prozeß, um die Energien und Gefühle auch wirklich wieder lebendig werden zu lassen. Dieses Bild bezieht sich ebenso auf eine äußere Situation, die in sich erstarrt und zum Stillstand gekommen ist. Auch hier geht es darum, die Erstarrung der Kräfte nicht noch weiter durch Unachtsamkeit und Lieblosigkeit zu fördern, sondern Wege und Mittel zu finden, sie durch Mitgefühl und Verständnis wieder zum Fließen zu bringen.

DAS BILD

Der Wind fährt über das Wasser:
das Bild der Auflösung.
So opferten die alten Könige dem Herrn
und bauten Tempel.

Nach einem harten Winter schmilzt das Eis und wird wieder zu Wasser. Dies ist das Bild der Auflösung. So kann sich auch die Selbstsucht von den erstarrten Herzen der Menschen lösen und sie für die Kräfte des Wohlwollens und der Liebe öffnen. Es ist immer die Gnade des Göttlichen, die diese Kräfte wiederbelebt und in den Herzen der Menschen wieder zum Fließen bringt.

DIE EINZELNEN LINIEN

Anfangs eine Sechs bedeutet:
Er bringt Hilfe
mit der Macht eines Pferdes.

Um Mißverständnissen und einer Erstarrung der Ansichten vorzubeugen, sind jetzt absolute Ehrlichkeit und direkte Zuwendung gefragt. Nur mit ihnen bilden sich keine unterschwelligen Verhärtungen, die später schwer zu lösen wären.

Neun auf zweitem Platz bedeutet:
Bei der Auflösung läuft er seiner Stütze zu.
Die Reue schwindet.

Um eine Energiestockung wieder aufzulösen, braucht es die Kraft und die Unterstützung echter Gutwilligkeit und wahren Wohlwollens. Wenn man jetzt Menschen ungerecht beurteilt, schadet man sich nur selbst. Diesem Mißverständnis sollte man bereits zu Anfang vorbeugen.

Sechs auf drittem Platz bedeutet:
Er löst sein Ich auf.
Keine Reue.

Wenn es um wichtige Entscheidungen im Leben geht, ist es klug, das Ego mit all seinen widerstrebenden Wünschen und unangebrachten Vorurteilen außer acht zu lassen. Ein solch bewußter und klarer Schritt wird niemals bereut.

Sechs auf viertem Platz bedeutet:
Er löst sich von der Schar.
Erhabenes Heil!
Durch Auflösung folgt Anhäufung.
Das ist etwas,
an das Gewöhnliche nicht denken.

Um eine wichtige Aufgabe zu verwirklichen, braucht man jetzt seine volle Kraft und einen uneingeschränkten inneren und äußeren Fokus. Selbst für Freunde hat man im Augenblick nicht viel Zeit. Doch diese Kraft der ungeteilten Aufmerksamkeit ist nicht jedem Menschen gegeben und wird auch nicht von allen verstanden. Diesen Umstand muß man im Moment mit in Kauf nehmen.

Neun auf fünftem Platz bedeutet:
Er löst sein Blut auf.
Weggehen, Sichfernhalten,
Hinausgehen ist ohne Makel.

Man darf sich selbst keine Wunden zufügen. Um einer Gefahr zu entgehen, kann und muß man entsprechende Vorkehrungen treffen. Sich aus einer negativen Situation oder Lebenslage zu entfernen und bewußt Abstand zu halten, ist jetzt ratsam.

節

60. Dsië / Die Beschränkung

䷻ *Oben Kan, das Abgründige, das Wasser*
Unten Dui, das Heitere, der See

Der See liegt unten und wird in seiner Ausdehnung von der Kraft des Abgründigen, das oben liegt, eingeschränkt. Obwohl beide Kräfte zum selben Element gehören, wirkt der Himmel zwischen ihnen hier als Schranke und Trennungslinie. Dadurch ergibt sich das Bild der Beschränkung und der notwendigen inneren und äußeren Disziplin.

DAS URTEIL

Beschränkung. Gelingen.
Bittere Beschränkung
darf man nicht beharrlich üben.

Ein Mensch, der sich selbst zu große Schranken auferlegt und sich damit in seiner eigenen Ausdruckskraft zu sehr beschränkt, schafft durch diese rigide innere Einstellung sein eigenes Leid. Die Kunst des Maßhaltens muß durch Liebe und Geduld erlernt werden. Selbst in der Form der eigenen Beschränkung oder Disziplin, die jeder Mensch in seinem Leben zu seiner inneren Balance braucht, gilt es, das rechte Maß zu finden.

DAS BILD

Oberhalb des Sees ist Wasser:
das Bild der Beschränkung.
So schafft die Edle Zahl und Maß
und untersucht,
was Tugend und rechter Wandel ist.

Eine weise Frau tut gut daran, ihre eigene Form der Disziplin zu schaffen und ihren daraus entstehenden Pflichten bewußt nachzukommen. Daraus gewinnt sie die innere Stärke und Klarheit, das Rechte vom Unrechten zu unterscheiden. Vollkommen uneingeschränkte Freiheit und Möglichkeiten sind für die geistige Entwicklung des Menschen meist ungünstig. Auf diese Weise lernt ein Mensch niemals, seine eigene innere Disziplin zu finden und seine eigenen Schranken und Grenzen wahrzunehmen und zu respektieren.

DIE EINZELNEN LINIEN

Anfangs eine Neun bedeutet:
Nicht zu Tür und Hof hinausgehen
ist kein Makel.

Obwohl man etwas tun und unternehmen möchte, ist es jetzt günstiger, die Beschränkungen, die sich ergeben haben, anzunehmen und die Lage zuerst in aller Ruhe abzuwägen. Um

Klarheit zu erlangen, ist es nötig, die Schranken nicht nur als Beengung zu sehen. Es ist weiser, sie als Möglichkeit und Chance zu begreifen, um in sich zu gehen und geduldig den rechten Zeitpunkt der Handlung abzuwarten.

Neun auf zweitem Platz bedeutet:
Nicht zu Tor und Hof hinausgehen
bringt Unheil.

Wer nicht handelt, wenn es an der Zeit ist, und damit den rechten Zeitpunkt und Anschluß verpaßt, verliert in diesem Fall an Schwungkraft und Urteilsvermögen. Wer immer nur in Gedanken agiert und sich nicht auch aktiv den Anforderungen der äußeren Welt stellt, erschafft damit sein eigenes Unglück. Dabei ist es immer wichtig, zu erkennen und zu erfühlen, wann der Moment der Handlung gekommen ist.

Sechs auf drittem Platz bedeutet:
Wer keine Beschränkung kennt,
wird zu klagen haben.
Kein Makel.

Wer niemals Disziplin gelernt hat, kann mit den Beschränkungen, die das Leben mit sich bringt, nicht umgehen. So ein Mensch hat es schwer, die notwendigen Beschränkungen des Schicksals auch als versteckte Wachstumshilfen zu begreifen. Doch wenn dieser Mensch seine innere Einstellung korrigiert und von dem unstillbaren Bedürfnis nach Verschwendung abläßt, beginnt er die Lektionen der Beschränkungen auf positive Art zu verstehen und zu erleben.

Sechs auf viertem Platz bedeutet:
Zufriedene Beschränkung.
Gelingen.

Die Lebenskraft, die sonst durch Verschwendung und Leichtsinn verlorenginge, kann sich jetzt durch die rechte Beschränkung und die rechte Form der Disziplin ansammeln. Jede natürliche Art der Beschränkung hilft, die Kräfte zu konzentrieren und führt damit auch zu Wachstum und Erfolg.

Neun auf fünftem Platz bedeutet:
Süße Beschränkung bringt Heil.
Hingehen bringt Achtung.

Ein Mensch, der nur anderen Beschränkungen auferlegen will und nicht auch sich selbst mit einbezieht, erzeugt Widerstand. Jede Form der Disziplin muß ihre rechte Form und ihren rechten Rahmen finden, um wirksam zu sein. Erzwungene Disziplin führt zu nichts. Wenn man echt und weise als Vorbild dient, erweckt dies die Hochachtung der anderen Menschen.

Oben eine Sechs bedeutet:
Bittere Beschränkung:
Beharrlichkeit bringt Unheil.
Reue schwindet.

Wenn man sich selbst zu sehr beschränkt oder von seiner Außenwelt zu sehr eingeschränkt wird, so führt dies zu Bitternis und Schmerz. Man darf sich weder körperlich noch seelisch selbst quälen oder sich von anderen Menschen quälen lassen. Jede zu strenge und allzu beengende Situation im Leben muß in ihr Gegenteil umschlagen. Kein Wesen kann Einengungen auf die Dauer seelisch ertragen. Doch eine weise Disziplin im Leben hilft, innere Kraft zu entwickeln und schädigenden Versuchungen bewußt auszuweichen.

中孚

61. Dschung Fu / Innere Wahrheit

䷼ *Oben Sun, das Sanfte, der Wind*
Unten Dui, das Heitere, der See

Der Wind streicht sanft über die Oberfläche des Wassers und spielt mit ihm. Die Kraft der inneren Wahrheit entspringt der Tiefe des inneren Wesens und des Mysteriums. Sie äußert sich nach außen hin in der sanften Verspieltheit des menschlichen Wesens. In diesem Zeichen liegen die festen Striche außen und die unterbrochenen, weichen innen. Ein Mensch, der aus seiner inneren Stille lebt, lebt in seiner inneren Wahrheit und Freiheit. Richard Wilhelm beschreibt das Zeichen Fu als einen Vogelfuß, der über einem Jungen schwebt. Daher ist auch der Vorgang des Brütens in dieses Zeichen mit einbezogen. Aus dem Keim der inneren Wahrheit erwächst das Leben zu voller Blüte und Schönheit.

DAS URTEIL

Innere Wahrheit.
Schweine und Fische.
Heil!
Fördernd ist es, das große Wasser zu durchqueren.
Fördernd ist Beharrlichkeit.

Die Kraft der inneren Wahrheit ist in diesem Zeichen so stark, daß sie auch Geschöpfe wie Schweine und Fische, die man in alten Zeiten für die unsensibelsten und kaltblütigsten Kreaturen hielt, beeinflussen kann. Auf Menschen bezogen bedeutet dies, daß auch starrköpfige Wesen das Licht der Wahrheit erblicken können, wenn sie es wirklich wollen und sich darum bemühen. Wenn man keine Vorurteile gegen andere Menschen hegt, sondern sie so akzeptiert und annimmt, wie sie sind, wirkt die Kraft der inneren Wahrheit erleuchtend auf jedes Wesen. Dann kann man auch Dinge in Angriff nehmen, die zuvor unmöglich schienen.

DAS BILD

Über dem See ist der Wind:
das Bild der inneren Wahrheit.
So bespricht der Edle Strafsachen,
um Hinrichtungen aufzuhalten.

In China galt es vor langen Zeiten als höchste Weisheit, Menschen, die fehlgegangen waren und gegen die Gesetze verstoßen hatten, zu vergeben, ihnen zu helfen und sie nicht hart zu strafen. Eine tiefe Einsicht in die menschliche Psyche erlaubte einen ungewöhnlich milden Rechtsspruch. Dadurch fand eine innere Bekehrung des Schuldigen zum Guten statt. Solch ein Mensch erhielt dadurch noch einmal die Chance, seine geistige Moral und menschliche Würde wiederzufinden. Wenn einem Menschen eine solche Chance gegeben wird und wenn man soviel Vertrauen in ihn setzt, muß man nicht befürchten, daß er dieses Vertrauen mißbraucht. Ein solch weiser Entschluß entspringt großer innerer Klarheit und Weisheit und nicht Schwäche.

DIE EINZELNEN LINIEN

Anfangs eine Neun bedeutet:
Bereitsein bringt Heil.
Sind Hintergedanken da,
so ist das beunruhigend.

Die Kraft der inneren Wahrheit ist immer geradlinig und direkt. Sie fließt ohne Unterlaß aus dem Wesen eines Menschen, der sich selbst erkannt hat. Ein solcher Mensch ist immer bereit, seine Wahrheit zu leben, ohne sie anderen aufzwingen zu wollen. Werden solche Impulse jedoch sichtbar und fühlbar, muß man sich sehr hüten. Ein Mensch, der andere mit seinen sogenannten geistigen Errungenschaften manipulieren will, verliert seine Glaubwürdigkeit und seinen inneren Frieden.

Neun auf zweitem Platz bedeutet:
Ein rufender Kranich im Schatten.
Sein Junges antwortet ihm.
Ich habe einen guten Becher.
Ich will ihn mit dir teilen.

Worte besitzen unendliche Kraft. Sie können heilen und zerstören. Sie können ein Herz öffnen und ein Herz töten. Der Kranich ruft nach seinem Jungen. Er hat Futter gefunden und will es mit ihm teilen. So teilt auch ein Mensch seine Worte und Taten mit anderen Menschen. Wer sich zurückhält und das Gute in sich nicht mit anderen teilt, verringert damit auch den Ausdruck der positiven Kraft in der Welt. Ein ehrlicher Mensch zeigt, wer er ist, ohne auf eine besondere Anerkennung von außen zu hoffen. Ein Mensch, der etwas mit anderen teilen will, teilt es, ohne große Worte zu machen.

Sechs auf drittem Platz bedeutet:
Er findet einen Genossen,
bald trommelt er, bald hört er auf.
Bald schluchzt er,
bald singt er.

Man muß aus seiner eigenen Kraft und inneren Wahrheit heraus leben und nicht aus der eines anderen Menschen. Sonst kommt man in eine Lage, in der man völlig von den Stimmungen dieses anderen Menschen abhängig wird: Einmal lacht man mit ihm und dann weint man mit ihm. Man darf niemanden imitieren wollen. Das einzige, was einen Menschen im Leben wirklich befriedigen kann, ist sich selbst und seine eigene Wahrheit zu finden und zu leben.

Sechs auf viertem Platz bedeutet:
Der Mond, der beinahe voll ist.
Das Gespannpferd geht verloren.
Kein Makel.

Um sich der höchsten inneren Wahrheit zu öffnen, muß man sich in Demut üben. Die Kraft der inneren Erleuchtung wird nur denjenigen zuteil, die freiwillig allen weltlichen Ballast hinter sich gelassen haben und sich vertrauensvoll der inneren Leere und Stille zugewandt haben. Wie der Mond das Licht der Sonne widerspiegelt, so spiegelt auch das wahre Wesen des Menschen das Licht der göttlichen Kraft und des großen Mysteriums wider.

Neun auf fünftem Platz bedeutet:
Sie besitzt Wahrheit, die verkettet.
Kein Makel.

Eine Frau, die sich selbst gefunden hat und ihre eigene Wahrheit offenherzig lebt und auch mit anderen Menschen teilt, findet große Anerkennung und Zuspruch. Es bildet sich um sie ein Kreis aus gleichgesinnten Menschen, die sich ebenfalls um ihre innere Wahrheit bemühen und die auf ihrem geistigen Weg sind.

Oben eine Neun bedeutet:
Hahnenruf, der zum Himmel dringt.
Beharrlichkeit bringt Unheil.

Worte allein können niemanden bekehren oder ihm helfen, zu sich selbst zu finden. Gelegentlich sind Worte hilfreich, aber die wahre innere Arbeit muß jeder Mensch selbst vollbringen. Wenn man sich zu sehr an Worte klammert und sie zu lange als Krücken benutzt, verliert man die Kraft und den Mut, die eigene innere Stille und Wahrheit zu entdecken. Jeder Mensch hat seinen ganz persönlichen Weg, durch den er Erfüllung und inneren Frieden finden kann. Aber er muß den Mut haben, ihn zu entdecken und auch ohne Beirrung von außen zu gehen.

小過

62. Siau Go / Des Kleinen Übergewicht

䷽ *Oben Dschen, das Erregende, der Donner*
Unten Gen, das Stillhalten, der Berg

Der Berg ist in diesem Zeichen unten und symbolisiert die Stille. Doch der Donner ist dicht über dem Berg und nicht hoch oben im Himmel. Die Stille des Berges wird dadurch nicht unterstützt, und die Stimme des Donners wird durch die Nähe des Berges gedämpft. In diesem Zeichen befinden sich die schwachen, unterbrochenen Linien außen und die starken, geschlossenen Linien innen. Dies deutet darauf hin, daß die innere Stärke zwar da ist, aber von außen nicht unterstützt wird.

DAS URTEIL

Des Kleinen Übergewicht.
Gelingen.
Fördernd ist Beharrlichkeit.
Man mag kleine Dinge tun,
man soll nicht große Dinge tun.
Der fliegende Vogel bringt die Botschaft:
Es ist nicht genug, nach oben zu streben,
es ist gut, unten zu bleiben.
Großes Heil!

Nun sind kleine Schritte im Leben von Vorteil. Nichts darf überstürzt werden. Alles muß langsam seinen Weg gehen. Obwohl der Vogel hoch hinaus möchte, wäre dies jetzt für ihn von Übel. Die Zeit ruft nach bedächtigem Fortschritt, nicht nach übereilten Handlungen. Erfolg stellt sich nur ganz allmählich ein. Dies ist seine Botschaft.

DAS BILD

Auf dem Berg ist der Donner
das Bild des Kleinen Übergewicht.
So legt die Edle im Wandel
das Übergewicht auf die Ehrerbietung.
Bei Trauerfällen
legt sie das Übergewicht auf die Trauer.
Bei ihren Ausgaben legt sie das Übergewicht
auf die Sparsamkeit.

Eine weise Frau achtet darauf, wie sie mit ihrer Lebenskraft umgeht. Sie verausgabt sich nicht mit oberflächlichen Gesten und Handlungen und nimmt die Schwierigkeiten, die der Alltag mit sich bringt, pflichtbewußt an. Dies ist ein Ausdruck ihrer inneren Wahrhaftigkeit und menschlichen Ethik. Selbst wenn sie in den Augen anderer in manchen Fällen zu kleinlich mit sich selbst erscheint, geschieht dies aus ihrem inneren Verständnis und Wissen, mit ihren Kräften jetzt haushalten zu müssen.

Anfangs eine Sechs bedeutet:
Der Vogel kommt durchs Fliegen
ins Unheil.

Man befindet sich in einer Situation, der man innerlich nicht gewachsen ist. Wie ein Vogel das Nest nicht zu früh verlassen darf, so darf auch ein Mensch nicht voreilig Dinge in Bewegung setzen wollen, solange ihm die wahre Kraft dazu fehlt. Es ist aus diesem Grund sehr wichtig, zu erkennen, wann man die Einsicht und die innere Kraft zur rechten Handlung besitzt.

Sechs auf zweitem Platz bedeutet:
Sie geht an ihrem Ahnherrn vorbei
und trifft die Ahnfrau.
Er erreicht nicht seinen Fürsten
und trifft den Beamten.
Kein Makel.

Da die Situation nicht nach Aktion ruft, sondern nach weiser Nachgiebigkeit und nach bewußtem Ausharren, stehen die weiblichen Aspekte im Augenblick im Vordergrund. Man kann im Moment zwar nichts Großes bewirken, doch man verliert auch nichts durch geduldiges Abwarten.

Neun auf drittem Platz bedeutet:
Wenn man sich nicht außerordentlich vorsieht,
so kommt etwa einer von hinten und schlägt einen.
Unheil!

Große Vorsicht und Rücksicht sind jetzt notwendig. Solange ein Mensch seine Möglichkeiten nicht überschätzt, bleibt alles um ihn herum ruhig und friedlich. Doch wenn er damit beginnt, sich am falschen Platz im Leben hervorzutun, können Rückschläge aus unerwarteten Richtungen die unliebsamen Folgen sein.

Neun auf viertem Platz bedeutet:
Kein Makel.
Ohne vorbeizugehen, trifft er ihn.
Hingehen bringt Gefahr.
Man muß sich hüten.
Handle nicht.
Sei dauernd beharrlich.

Um zu erreichen oder zu bekommen, was man sich wünscht, darf man im Augenblick nichts direkt unternehmen. Gewaltsam auf sein Ziel zuzugehen birgt jetzt Gefahren in sich und führt vom rechten Weg ab. Es ist klüger, geduldig abzuwarten, bis das Erwünschte von selbst auf einen zukommt.

Sechs auf fünftem Platz bedeutet:
Dichte Wolken,
kein Regen von unserem westlichen Gebiet.
Der Fürst schießt
und trifft jenen in der Höhle.

Solange einem Menschen die rechte Unterstützung fehlt, kann er nichts Großartiges unternehmen und kein großes Werk vollbringen. Es kommt bei der Suche nach der richtigen Hilfe nicht auf große Namen an, sondern nur auf die gute Leistung, die jemand bereit ist zu bringen. Somit gelingt es, die richtige Wahl zu treffen.

Oben eine Sechs bedeutet:
Ohne ihn zu treffen, geht er an ihm vorbei.
Der Fliegende Vogel verläßt ihn.
Unheil!
Das bedeutet Unglück und Schaden.

Wer jetzt den Zeitpunkt des Innehaltens verpaßt, erleidet Schaden. Wer vorwärtsdrängt, obwohl die Zeit dazu nicht reif ist, schafft sein eigenes Unglück. Sich im Augenblick nicht mit den kleinen Dingen des Lebens zufriedenzugeben bringt Unheil. Deshalb ist es jetzt von größtem Nutzen, die Zeichen der Zeit richtig zu deuten und nichts erzwingen zu wollen.

既濟

63. Gi Dsi / Nach der Vollendung

䷾ *Oben Kan, das Abgründige, das Wasser*
Unten Li, das Haftende, das Feuer

Obwohl sich die Elemente von Feuer und Wasser nicht vereinigen, wird durch ihr bewußtes Zusammenkommen in diesem Zeichen doch ein komplimentäres Gleichgewicht erreicht. Wenn das Feuer das Wasser zum Kochen bringt, entsteht eine subtile Harmonie zwischen diesen beiden sich sonst so fremden Elementen. Man muß jedoch darauf achten, daß das Wasser nicht verdampft oder das Feuer löscht. Deshalb ist große Vorsicht angezeigt.

DAS URTEIL

Gelingen im Kleinen.
Fördernd ist Beharrlichkeit.
Im Anfang Heil,
am Ende Wirren.

Sich auf dem bisher im Leben Erreichten auszuruhen verführt zu Trägheit und erzeugt Illusionen. Man mag wohl immer wieder kleine Erfolge erzielen, doch wenn man seine Aufmerksamkeit zu früh erlahmen läßt, folgen Gleichgültigkeit und Verwirrung.

DAS BILD

Das Wasser ist oberhalb des Feuers:
das Bild des Zustands nach der Vollendung.
So bedenkt die Edle das Unglück
und rüstet sich im voraus dagegen.

Wenn sich das Wasser oberhalb des Feuers in einem Gefäß befindet, stehen beide Elemente in einer Beziehung zueinander. Eine weise Frau beobachtet das Wasser, damit es nicht überkocht und schürt gleichzeitig das Feuer, damit die Hitze gleichmäßig bleibt und das Wasser zum Kochen bringt. Läßt sie eines davon aus Unachtsamkeit aus den Augen, läuft sie Gefahr, sich selbst zu verletzen.

DIE EINZELNEN LINIEN

Anfangs eine Neun bedeutet:
Er hemmt seine Räder.
Er kommt mit dem Schwanz ins Wasser.
Kein Makel.

Auch hier ist unbedachtes Vorwärtsdrängen nur von Schaden. Jedes überschnelle Handeln führt jetzt zu Verlusten. Ein kluger Mensch verlangsamt seinen Schritt. Dies gleicht einem Fuchs, der ein Wasser durchquert und zum Schluß doch mit dem Schwanz hineinkommt. Da er auf dem richtigen Weg ist, erleidet er dadurch keinen Schaden.

Sechs auf zweitem Platz bedeutet:
Die Frau verliert ihren Wagenvorhang.
Lauf ihm nicht nach,
am siebten Tage bekommst du es.

In früheren Zeiten hatten die Wagen der Frauen in China alle einen Vorhang zu deren Schutz. Ging dieser verloren, durften die Frauen nicht weiterfahren, da sie so schutzlos den Blicken der fremden Menschen ausgeliefert gewesen wären. Wenn sich eine Frau in einer Situation befindet, in der sie sich schutzlos ausgeliefert fühlt, soll sie sich ruhig verhalten und keine übereilten Schritte erwägen. Nach einer angemessenen Zeit wandelt und harmonisiert sich ihre Lage wieder ganz von selbst.

Neun auf drittem Platz bedeutet:
Der hohe Ahn züchtigt das Teufelsland.
Nach drei Jahren überwindet er es.
Gemeine darf man nicht verwenden.

Der hohe Ahn ist ein Symbol für einen mächtigen Herrscher. Es ist hier von einem Mann die Rede, der durch seine Tatkraft und seinen Mut befähigt ist, in einer bestimmten Lebenslage Ordnung zu schaffen. Es braucht jedoch Zeit und große Kraft, diese neue Ordnung auch auf rechte Weise zu stabilisieren. Dazu bedarf es der richtigen Mitarbeiter und wahrer Freunde. Man darf nicht die Falschen um Hilfe bitten.

Sechs auf viertem Platz bedeutet:
Die schönsten Kleider geben Lumpen.
Den ganzen Tag sei vorsichtig.

Auch wenn Äußerlichkeiten oft noch so verlockend wirken, muß man doch das wahre Sein vom falschen Schein trennen. Wenn das menschliche Dasein von illusionärem Schein verblendet wird, ist Achtsamkeit der einzige Weg, die weltlichen Illusionen auch als solche zu erkennen und ihnen nicht in die Falle zu gehen.

Neun auf fünftem Platz bedeutet:
Der Nachbar im Osten,
der einen Ochsen schlachtet,
bekommt nicht soviel wirkliches Glück
wie der Nachbar im Westen
mit seinem kleinen Opfer.

Selbst wenn ein Mensch reich ist und sich deshalb große und sehr heroische Gesten leisten kann, sind diese doch nicht so wertvoll wie die Gabe eines einfachen Mannes, der nicht viel besitzt, aber dafür alles von Herzen gibt.

Oben eine Sechs bedeutet:
Er kommt mit dem Haupt ins Wasser.
Gefahr!

Eitelkeit verführt zu Unachtsamkeit und Leichtsinn. Sich mit den überwundenen Gefahren zu brüsten bedeutet, sie erneut heraufzubeschwören. Es ist jetzt günstiger, den Fokus nach vorn zu richten und nicht weiter in der Vergangenheit zu verweilen. Damit entgeht man der Gefahr einer Wiederholung von Fehlern und bereits überwundener Schwierigkeiten.

未濟

64. We Dsi / Vor der Vollendung

䷿ *Oben Li, das Haftende, die Flamme*
Unten Kan, das Abgründige, das Wasser

Wenn das Feuer über dem Wasser steht, kann es das Wasser nicht erhitzen, und wenn das Wasser unter dem Feuer liegt, kann es das Feuer nicht kontrollieren. Die Energien befinden sich noch nicht in ihrer natürlichen Ordnung. Die Unordnung hält noch ein wenig an, bevor alle Kräfte wieder in absoluter Harmonie zueinander stehen.

DAS URTEIL

Vor der Vollendung.
Gelingen.
Wenn aber der kleine Fuchs,
wenn er beinahe den Übergang vollendet hat,
mit dem Schwanz ins Wasser kommt,
dann ist nichts,
das fördernd wäre.

Die Aufgabe lautet hier, von der Unordnung zur Ordnung zurückzukehren. Doch dabei muß man vorsichtig vorgehen, wie ein Fuchs, der über das Eis geht. Wenn er zu jung ist und keine Erfahrung hat und deshalb ausrutscht, wird er naß und sein Weg war umsonst. In Zeiten der Abschlüsse und der Vollendung von Dingen, ist es deshalb von größter Wichtigkeit, Lebenserfahrung, Verständnis und Vernunft zu zeigen.

DAS BILD

Das Feuer ist oberhalb des Wassers:
das Bild des Zustands vor der Vollendung.
So ist die Edle vorsichtig in der Unterscheidung der Dinge,
damit jedes auf seinen Platz kommt.

Das Feuer strebt seiner Natur gemäß nach oben und das Wasser nach unten. Dabei entsteht keine wahre Beziehung, da sich ihre Auswirkungen in zwei entgegengesetzte Richtungen bewegen. Will eine Frau eine Beziehung zwischen zwei auseinanderstrebenden Kräften schaffen, so muß sie die wahre Natur dieser Kräfte und Energien bedenken und in ihr Vorhaben mit einbeziehen. Sie muß wissen, wo diese Kräfte ihren natürlichen Rahmen und Platz haben. Dabei darf sie den eigenen Standpunkt nicht unbedacht lassen, sondern muß auch in ihrem Inneren im Einklang mit der Natur dieser Kräfte stehen. Dann ist sie fähig, diese Kräfte harmonisch zu verbinden und erreicht die gewünschte Vereinigung.

DIE EINZELNEN LINIEN

Anfangs eine Sechs bedeutet:
Er kommt mit dem Schwanz ins Wasser.
Beschämend.

Jetzt bringt ein verfrühtes Drängen auf Ordnung nur Verzögerungen und Mißlingen mit sich. Man muß in dieser Situation lernen, Zurückhaltung zu üben und den richtigen Zeitpunkt abzuwarten.

Neun auf zweitem Platz bedeutet:
Er hemmt seine Räder.
Beharrlichkeit bringt Heil.

Noch immer ist Abwarten das einzig richtige Verhalten. Man muß sich in Geduld üben, auch wenn man innerlich bereits großen Tatendrang verspürt. In solchen Augenblicken im Leben ist es von größtem Vorteil, Ruhe zu bewahren und das Ziel nicht aus den Augen zu verlieren.

Sechs auf drittem Platz bedeutet:
Vor der Vollendung bringt Angriff Unheil.
Fördernd ist es,
das große Wasser zu durchqueren.

Die Zeit des Abwartens ist vorüber. Nun ist es an der Zeit zu handeln. Man hat jedoch nicht die Kraft zur Verfügung, um diesen Wandel und Übergang allein zu bewirken. Doch mit anderen gleichgesinnten Menschen kann man diesen wichtigen Schritt tun und das große Wasser durchqueren, um eine Angelegenheit im Leben in Harmonie zu vollenden und zu einem guten Abschluß zu bringen.

Neun auf viertem Platz bedeutet:
Beharrlichkeit bringt Heil.
Reue schwindet.
Erschütterung, um das Teufelsland zu züchtigen.
Drei Jahre lang gibt es Belohnungen
mit großen Reichen.

In dieser Lage muß man um die Vollendung einer Sache kämpfen. Dabei ist es von größter Wichtigkeit, auch die eigenen Motive zu bedenken, um die möglichen Auswirkungen eines solchen Kampfes frühzeitig zu erkennen. Man muß seine Position im Leben jetzt durch innere Integration, Intelligenz und Mitgefühl festigen und darf dem Zerfall der alten Strukturen nicht im Weg stehen. Dadurch wächst das Neue ungehindert auf dem Nährboden des Alten.

Sechs auf fünftem Platz bedeutet:
Beharrlichkeit bringt Heil.
Keine Reue.
Das Licht der Edlen ist wahrhaftig.
Heil!

Der Erfolg ist errungen. Eine Frau hat eine schwierige Situation siegreich gemeistert. Die Weisheit ihres inneren Wesens hat dies ermöglicht. Sie ist, ohne Zweifel zu hegen und voller Vertrauen in das Mysterium des Lebens, ihrem inneren Licht und ihrer inneren Wahrheit gefolgt. Diese Fähigkeit bedeutet den wahren Sieg.

Oben eine Neun bedeutet:
Im wahren Vertrauen trinkt man Wein.
Kein Makel.
Wenn man aber sein Haupt naß macht,
so verliert man das in Wahrheit.

Die Zeit zum Feiern ist gekommen. Sich mit Familie und Freunden zusammenzutun stärkt jetzt die Seele und das Herz. Man muß sich nur vor Unmäßigkeit und dem Verlust der inneren Balance hüten. Ein neuer Zyklus wartet bereits am Horizont. Aus Chaos entsteht jetzt Ordnung. Dieser Neubeginn bringt große Hoffnung in die Herzen der Menschen. Denn jeder Abschluß und jede Vollendung im Leben birgt bereits einen neuen Anfang in sich. Mit diesem Zeichen schließt das Buch der Wandlungen, welches nicht nur ein Buch der Vergangenheit, sondern auch ein Buch der Gegenwart und der Zukunft ist und immer sein wird.

Das Münzorakel*

1. Schritt:

Voraussetzung ist die Verwendung von drei gleichartigen Münzen, gleich welcher Herkunft. Man greife z.B. in der deutschen Währung zu drei 50-Pfennig-Münzen. Sie bieten der Anfängerin den Vorteil, daß sie beide Münzseiten klar unterscheiden kann. Denn jede Seite einer Münze bekommt für unseren Orakelzweck einen bestimmten Zahlenwert zugesprochen. Um im Beispiel zu bleiben:

– Die Bildseite unseres Geldstücks (hier: die einen Eichensetzling pflanzende Frau) gilt als weiblich, YIN, und erhält den Zahlenwert »2«.

– Die mit Ziffern bedruckte andere Seite (hier: der Zahlenaufdruck »50 Pfennig«) gilt als männlich, YANG, und erhält den Zahlenwert »3«.

2. Schritt:

Man nimmt die drei (nun beidseitig definierten) Münzen in die hohlen Hände, schüttelt und mischt sie ein wenig und läßt sie dann aus den Händen heraus frei auf eine Unterlage fallen.

3. Schritt:

Man untersucht das Ergebnis, indem man bei jeder einzelnen Münze prüft, ob die Zahl- oder die Bildseite sichtbar ist. Dann werden die entsprechenden Zahlenwerte zugeordnet und addiert. Beim Werfen von drei Münzen können sich folgende vier Konstellationen ergeben:

---

* aus: Franciscus Adrian: *Die Schule des I Ging. Die Praxis,* München: Eugen Diederichs Verlag, 1995, S. 167 ff.

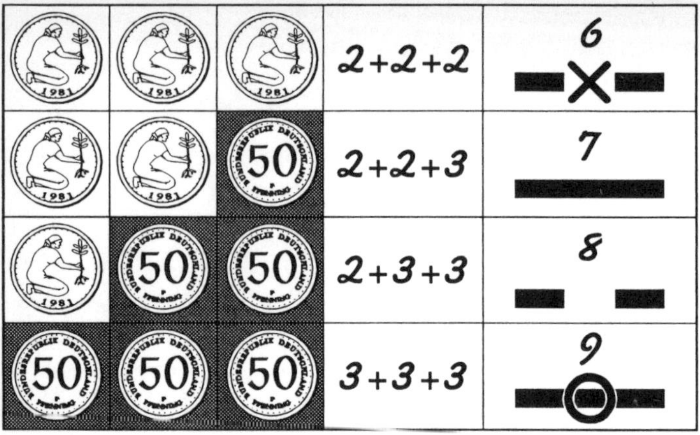

Auf einen Blick: Vier mögliche Konstellationen beim Münzenwurf und ihre Codierung in einen Hexagrammstrich

4. Schritt:

Jetzt gilt es, das Ergebnis der Addition nach einem Codeschlüssel in einen Yang- oder einen Yin-Strich umzuwandeln.

Fall A: Ergibt die Addition »6«, so symbolisiert diese Zahl eine in der Mitte durchbrochene Yin-Linie, die gerade im Begriff ist, ins Gegenteil umzuschlagen (Yin will Yang werden). Man notiert daher einen Yin-Strich, dem man als Gedächtnisstütze und als Zeichen seiner Wandlungsbereitschaft ein X in der Strichmitte beifügt (entspricht den Diagonalen eines Quadrats = Symbol der Erde Yin).

Fall B: Ergibt die Addition »7«, so notiert man eine ruhende, d.h. unverändert bleiben wollende Yang-Linie.

Fall C: Ergibt die Rechnung den Wert »8«, ist eine ruhende Yin-Linie aufzuzeichnen.

Fall D: Findet man schließlich zum Additionswert »9«, so handelt es sich um eine Yang-Linie, die sich wandeln will. Man notiert einen Yang-Strich, den man in der Mitte mit einem kleinen Kreis versieht. Der Kreis ist das Himmelssymbol, Yang, und kennzeichnet quasi die Stelle, an der der Strich auseinanderbrechen will, um zu einer Yin-Linie zu werden.

Welcher der vier Striche auch immer in Frage kommt – man notiert ihn ganz unten auf dem 1. Platz des in Entstehung begriffenen Hexagramms! Die dann nachfolgenden Linien zeichnet man Schicht für Schicht darüber.

Fassen wir bis hierher zusammen:

Die drei Münzen werden nach dem Wurf gemäß ihrer Bild- oder Zahlseite addiert. Je nach Wert der Summe ergibt sich daraus ein ruhender Yin- oder Yang-Strich bzw. ein bewegter, sich wandelnder Yin- oder Yang-Strich.

Da man nun für ein vollständiges Hexagramm sechs Linien benötigt, wird der Wurf mit den drei Münzen insgesamt sechsmal hintereinander durchgeführt. Dann erst ist der Prozeß des stufenweisen Hexagrammaufbaus beendet.

5. Schritt:

Weist das ermittelte Hexagramm eine oder mehrere Linien auf, die »sich bewegen«, also in ihr Gegenteil umschlagen wollen, so ist es ratsam, gleich jetzt diese Umwandlung vorzunehmen: Neben das Ausgangshexagramm wird ein weiteres Hexagramm gezeichnet, wobei alle ruhenden (unbeweglichen) Linien des ersten Hexagramms unverändert übernommen, die Wandellinien des Ausgangszeichens nun aber in ihr Gegenteil verkehrt werden.

Als Regel gilt: Entweder man erhält durch den sechsmaligen Münzenwurf bereits auf Anhieb ein Zeichen mit sechs ruhenden Linien oder man wandelt die bewegten Linien des gewonnenen Hexagramms, so daß zusätzlich ein zweites, ausschließlich mit ruhenden Linien ausgestattetes *I-Ging*-Zeichen entsteht.

(Wenn sich ein Zeichen z. B. nur aus Siebenern oder Achtern zusammensetzt, ist es nicht in Bewegung und kommt nur für die Deutung der gegenwärtigen Situation in Betracht.)*

---

* Ergänzung Gayan S. Winter.

Schema zum Auffinden der gezogenen
I-Ging-Zeichen

U. Hälfte / O. Hälfte	☰	☷	☳	☵	☶	☴	☲	☱
☰	1	11	34	5	26	9	14	43
☷	12	2	16	8	23	20	35	45
☳	25	24	51	3	27	42	21	17
☵	6	7	40	29	4	59	64	47
☶	33	15	62	39	52	53	56	31
☴	44	46	32	48	18	57	50	28
☲	13	36	55	63	22	37	30	49
☱	10	19	54	60	41	61	38	58

Das gezogene Zeichen wird in seine untere und obere Hälfte geteilt, die im Schema an der linken bzw. der oberen Leiste zu finden sind. Der Treffpunkt der beiden Spalten bezeichnet die Nummer des Zeichens.

Verzeichnis der Bildzeichen

1	䷀	1. Kiën	17	䷸	57. Sun
2	䷫	44. Gou	18	䷝	30. Li
3	䷌	13. Tung Jen	19	䷹	58. Dui
4	䷉	10. Lü	20	䷱	50. Ding
5	䷈	9. Siau Tschu	21	䷰	49. Go
6	䷍	14. Da Yu	22	䷛	28. Da Go
7	䷪	43. Guai	23	䷋	12. Pi
8	䷠	33. Dun	24	䷩	42. I
9	䷘	25. Wu Wang	25	䷨	41. Sun
10	䷼	61. Dschung Fu	26	䷊	11. Tai
11	䷙	26. Da Tschu	27	䷺	59. Huan
12	䷡	34. Da Dschuang	28	䷕	22. Bi
13	䷅	6. Sung	29	䷵	54. Gui Me
14	䷤	37. Gia Jen	30	䷴	53. Dsiën
17	䷥	38. Kui	31	䷔	21. Schï Ho
16	䷄	3. Sü	32	䷻	60. Dsië

33	䷑	18. Gu
34	䷶	55. Fong
35	䷷	56. Lü
36	䷐	17. Sui
37	䷟	32. Hong
38	䷞	31. Hiën
39	䷮	47. Kun
40.	䷯	48. Dsing
41	䷾	63. Gi Dsi
42	䷿	64. We Dsi
43	䷓	20. Guan
44	䷚	27. I
45	䷒	19. Lin
46	䷃	4. Mong
47	䷣	36. Ming I
48	䷳	52. Gen
49	䷲	51. Dschen
50	䷢	35. Dsin
51	䷂	3. Dschun
52	䷭	46. Schong
53	䷽	62. Siau Go
54	䷬	45. Tsui
55	䷜	29. Kan
56	䷦	39. Giën
57	䷧	40. Hië
58	䷗	24. Fu
59	䷆	7. Schï
60	䷎	15. Kien
61	䷏	16. Yü
62	䷇	8. Bi
63	䷖	23. Bo
64	䷁	2. Kun

Literatur

I Ging. *Das Buch der Wandlungen*, übersetzt und herausgegeben von Richard Wilhelm, München: Eugen Diederichs Verlag, [24]1998

Adrian, Franciscus: *Die Schule des I Ging. Die Praxis*, München: Eugen Diederichs Verlag, 1995

Anthony, Carol K.: *Das I Ging der Liebe. Wege zu einer erfüllten Partnerschaft*, München: Eugen Diederichs Verlag, 1998

Anthony, Carol K.: *Handbuch zum klassischen I Ging*, München: Eugen Diederichs Verlag, [2]1998

Chen, Chao-Hsiu: *Das Bambus-Orakel. Altchinesische Weisheit als Lebenshilfe*, München: Heinrich Hugendubel Verlag, 1998

Moog, Hanna (Hg.): *Leben mit dem I Ging. Erfahrungen aus Kunst, Therapie und Alltagspraxis*, DG 128, München: Eugen Diederichs Verlag, 1996

Walker, Barbara G.: *Die geheimen Symbole der Frauen. Lexikon der weiblichen Spiritualität*, München: Heinrich Hugendubel Verlag, 1997

Engels-Botschaften

Alexa Kriele

Die Engel geben Antwort

42 himmlische Botschaften

42 Karten mit Begleitbuch in Box

ISBN 3-7205-2686-0

Wieder leiht Bestsellerautorin Alexa Kriele den Engeln ihre Stimme: Mithilfe dieses wunderschön gestalteten Kartensets geben sie Antwort und leisten Hilfe in Lebensfragen. Zieht man eine Karte, findet man sein Motto des Tages, Antworten auf ein Problem oder eine Anregung zur Meditation.

KAILASH